山西省炎帝文化研究会茶专业委员会

神農炎帝茶祖文化研究

——神农炎帝文化符号与中华民族文化共同体构建

荣国庆　苏　卉／著

山西出版传媒集团
山西人民出版社

图书在版编目（CIP）数据

神农炎帝茶祖文化研究：神农炎帝文化符号与中华民族文化共同体构建/荣国庆，苏卉著. — 太原 ：山西人民出版社，2024.1

ISBN 978-7-203-13185-4

Ⅰ. ①神… Ⅱ. ①荣…②苏… Ⅲ. ①中华文化－研究 Ⅳ. ①K203

中国国家版本馆CIP数据核字(2024)第006886号

神农炎帝茶祖文化研究：神农炎帝文化符号与中华民族文化共同体构建

著　　者：	荣国庆　苏　卉
责任编辑：	魏　红
复　　审：	刘小玲
终　　审：	梁晋华
装帧设计：	王聚金

出　版　者：山西出版传媒集团・山西人民出版社
地　　　址：太原市建设南路 21 号
邮　　　编：030012
发行营销：0351—4922220　4955996　4956039　4922127（传真）
天猫官网：https://sxrmcbs.tmall.com　电话：0351—4922159
E—mail ：sxskcb@163.com　发行部
　　　　　　sxskcb@126.com　总编室
网　　　址：www.sxskcb.com

经　销　者：山西出版传媒集团・山西人民出版社
承　印　厂：山西省教育学院印刷厂

开　　本：	890mm×1240mm　　1/32
印　　张：	8
字　　数：	200 千字
版　　次：	2024 年 1 月　第 1 版
印　　次：	2024 年 1 月　第 1 次印刷
书　　号：	ISBN 978-7-203-13185-4
定　　价：	68.00 元

绪　言

　　高平羊头山是中华农业文明起源传说最集中最丰富的区域。明代朱载堉说："俗传此山比天下名山高三尺。然非山高，地势高耳。秦并天下，置郡县。以此地极高，与天为党，故名上党郡。即今潞安府及泽州所属皆古上党郡地。"本课题立足于神农炎帝历史形象变迁，考察神农炎帝从汉代的农业始祖、魏晋六朝的药祖、到唐朝茶祖形象的确立过程，结合神农炎帝官方祭祀与民间祭祀的记载，通过对历史文本的解读与逻辑解码，重塑高平羊头山神农炎帝历史形象的构建过程，及其在铸造中华民族共同体文化意识中的重要作用。

　　考古发现与历史文献研究证明，高平羊头山及周边区域在殷商时期及西周早期就已经与中原文明一体化了，这一区域活动的狄人，学术界也推论其最有可能为神农氏后裔。西周建立之初，神农氏被赋予了农业文明开创者的形象。周武王通过构建伏羲、神农、黄帝圣王体系，在宏大的历史时间和更广大的区域范围内建立起了中华民族文化共同体，开创了中华文明多元融合的进程。随后的历史学家、历代思想家不断给神农氏增加神圣的光环，管子以神农氏为人文始祖，树立了为君者当以民利为先，为国者当以天下共兴为目标；农家借此创造了农家学派，以自然主义思想传播神农亲自耕织以规范天下苍生的理念；汉代对神农进行了神化，烈山氏、牛首人身等故事的传播与汉代大面积农业耕种相结合，描述了农业文明从原始农业、沟洫农业到平原农业的进程，农业技术也从烧山助耕走向了牛耕时代。汉代以后，假托神农氏编撰的《神农本草经》开始流行，人类对植物的认知水平达到了相当高的程度，到今天都依然被人们视为经典。这一著作随着魏晋医药水平的提升得到了更大范围的传播，神农被赋予了"药祖"的形象。从此以后，凡与植物认知与发展有关的文献与思想的传播都会以神农为祀神，因此也就有了唐代陆羽《茶经》"茶之为饮发乎神农"的判断，构建了神农炎帝茶祖形象。茶祖形象的确立，促进了南北茶文化的融合，深化了茶文化的内涵，统一了茶业种、采、制作的工艺。随着茶叶生产的普及，神农炎帝信仰也得到了更大范围的传播，形成了自北而南的五大神农信仰圈。

高平羊头山在北魏时期已成为神农祭祀的重要区域，并修建了神农城和神农殿。宋代虽然指定在湖南举行神农官方祭祀，但高平羊头山的民间祭祀行为绵延不断，一直到今天。从文化发展视角来审视，高平羊头山的神农祭祀时间更长，历史遗存保护也最为完整。明清时代，随着晋商万里茶道的开辟，神农炎帝也成为南北文化融合的重要代表。神农炎帝形象赋予了高平羊头山重要的历史地位，高平羊头山成为神农炎帝信仰的核心区域。农业始祖、药祖、茶祖丰富了神农信仰的内涵，神农信仰也有助于进一步理解中华民族多元共生的文化生态，构建新时期统一战线大平台。

本课题的结论是：从古代神话、历史叙事与考古学研究综合的成果来看，高平兰头山神农炎帝与中华文明农业起源有着相近的轨迹，高平羊头山周边的民俗与传说承载了先民从狩猎到农业文明过渡的完整记忆。从人类学视角来考察，神农炎帝祭祀的区域性总体特征与原始部落祭祀相当接近，仍保留着原始祭祀行为的痕迹。神农炎帝从农祖到茶祖的历史形象构建过程，也是中华民族共同体意识的构建过程。

目　录

铸牢中华民族共同体意识视域下神农炎帝形象传播与再生产
·· 荣国庆　001

—— 第一编 ——
多元视野下高平羊头山与中华农业文明起源研究

第一节　古气候学、考古学对中华农业文明起源的追溯 ·········019

第二节　古代神话与历史两种叙事方式与中华文明农业

　　　　起源多元共生说 ·····························026

第三节　高平神农茶祖形象传说的人类学诠释 ···············034

第四节　羊头山周边民俗的人类学考察 ···················040

第五节　"荼"——神农炎帝氏族的植物图腾 ···············049

第六节　从"荼"到"茶"的文化研究 ···················055

第七节　北魏羊头山神农祭祀的兴起 ················· 062

—— 第二编 ——

神农炎帝茶祖文化符号与中华民族共同体意识

第一节　西周神农炎帝形象的历史书写与中华民族文化
　　　　共同体构建 ································· 075
第二节　先秦神农形象与中华民族共同体内涵构建 ······· 083
第三节　汉代神农炎帝农祖与祭祀 ·················· 107
第四节　魏晋南北朝医药、养生与神农形象的关联 ······· 124
第五节　神农茶祖形象的民间叙事 ·················· 128
第六节　神农茶祖形象的文化认同 ·················· 139

—— 第三编 ——

《神农本草经》的研究

第一节　《神农本草经》与人类早期的饮食文化 ········· 147
第二节　《神农本草经》与中医药学的发展 ············· 150
第三节　商代汤液的发明与饮食文化的发展 ··········· 154
第四节　《神农本草经》之前的记载 ················· 159
第五节　羊头山周边主要药茶资源植物学研究 ········· 162

—— 第四编 ——

神农炎帝信仰传播

第一节　羊头山神农炎帝文化遗存名录 ················189
第二节　五大神农信仰圈的形成 ················206
第三节　神农茶祖与神农信仰的传播 ················211
第四节　高平神农信仰文化遗产保护行动 ················216

—— 附录 ——

附录一　历代茶书 ················221
附录二　贡茶文化 ················227
附录三　茶的商业化和娱乐化 ················230
附录四　茶器与茶饮文化 ················236

后记 ················ 243

铸牢中华民族共同体意识视域
下神农炎帝形象传播与再生产

荣国庆

中共中央总书记习近平在中共中央政治局就铸牢中华民族共同体意识进行第九次集体学习时指出，铸牢中华民族共同体意识，需要构建科学完备的中华民族共同体理论体系。要立足中华民族悠久历史，把马克思主义民族理论同中国具体实际相结合、同中华优秀传统文化相结合，遵循中华民族发展的历史逻辑、理论逻辑，科学揭示中华民族形成和发展的道理、学理、哲理。要优化学科设置，加强学科建设，把准研究方向，深化中华民族共同体重大基础性问题研究，加快形成中国自主的中华民族共同体史料体系、话语体系、理论体系。习近平总书记所提出的"两个结合"是铸牢中华民族共同体意识的重要理论，科学分析中华民族形成和发展的道理、学理、哲理，是形成中华民族共同体史料体系、话语体系、理论体系的重要路径。铸牢中华民族共同体意识是一个不断积累和丰富的过程。费孝通先生也认为，中华民族

"作为一个自在的民族实体则是几千年的历史过程所形成的"①。本文试图从铸牢中华民族共同体意识视域下神农炎帝形象的传播与再生产，分析中华民族在农业文明发展过程中逐步实现形成民族共同体意识的历史逻辑与理论逻辑，揭示神农炎帝"文化基因"与民族共同体意识相关联的道理、学理、哲理。

神农炎帝是铸牢中华民族文化共同体意识的重要"文化基因"。从铸牢中华民族共同体意识视域来看，神农炎帝文化从北向南传承的过程是中华民族文化共同体意识形成的空间逻辑。从历史逻辑来看，周武王分封神农氏于焦国，构建圣王体系开始，神农炎帝被赋予了农耕文化开创者的形象，此后神农炎帝形象不断被丰富，从神话话语体系进入了历史话语体系，成为上古"圣王"的代表，是儒家"法先王"政治思想的重要来源。在铸牢中华民族文化共同体意识视域下，神农形象从汉代的"农祖"，魏晋时期的"药祖"，唐代的"茶祖"，最终成为了全民族共同崇敬的"文化始祖"，随着农业文明的发展，神农炎帝在更广大区域内获得了普遍认同，成为了民族共同体意识的重要内容。

一、铸牢中华民族共同体意识视域下神农炎帝形象传播与再生产的空间逻辑

从铸牢中华民族共同体意识视域来看，神农炎帝形象传播与再生产伴随着远古人类农业文明的推广，生产方式的变革，农业生产力的提高，嵌入了不同地域的人类生产生活、文化活动中，

---

① 费孝通：《中华民族多元一体格局》，北京：中央民族学院出版社，1989。

形成了山西高平羊头山，湖北随州厉山，陕西宝鸡常羊山，湖南株洲，台湾新北、高雄为中心的五大神农炎帝文化圈。随着农业文明的发展，在不同地域空间中对神农炎帝形象进行再生产，表现了较大空间区域中从文化认同、文化融合到文化共同体构建的过程，揭示了中华民族共同体意识从分散到统一的历史逻辑。

（一）中国最北端的神农文化圈是山西高平羊头山为中心的区域，包括山西省东南部，河南西部区域。这里保留了魏晋以来神农庙57座，炎帝古庙碑刻110余通。《元和郡县志》《太平寰宇记》皆收录后魏《风土记》记载："神农城在羊头山上，其下有神农泉，即神农得嘉谷之处"①。历史文献中关于神农炎帝栽培"五谷"的记载有两种叙事方式：一是历史叙事，"获五谷""得嘉禾"；一种是英雄叙事，《淮南子》："神农乃始教民播种五谷，相土地宜燥湿肥硗高下；尝百草之滋味，水泉之甘苦，令民知所避就。当此之时，一日而遇七十毒。"②高平羊头山周边区域民间传说的内核是"神农尝百草，日遇七十二毒"。"一日而遇七十毒"的英雄叙事塑造了神农炎帝重要的文化品格，是远古农业文明发展之，勇敢面对自然，勇于牺牲自我的精神记忆，民族共同体意识的历史起点。至今高平羊头山周边区域还保留着对误食断肠草而亡的神农炎帝民间祭祀活动。

（二）随州神农炎帝文化以"烈山氏"形象为中心。郦道元

① ［唐］李吉甫：《元和郡县志》，文渊阁四库全书影印本第468册，台北：商务印书馆，1986.
② 何宁：《淮南子集释》，北京：中华书局，1998。

《水经注》记载："（溠水）水南有重山，即烈山也。山下有一穴，父老相传，云是神农所生处也，故《礼》谓之烈山氏。水北有九井，子书所谓神农既诞，九井自穿，谓斯水也。又言汲一井则众水动。"①今天随州为中心的神农炎帝文化圈包括随州、襄阳、麦城、神农架。目前发现有新石器遗址38处，30多处纪念性人文和自然景观。②这一区域神农文化符号突出"神农穿九井""烧山谋田"，是农业文明从沟洫农业转向大面积耕种过渡的标志。"穿水井"为人类定居生活与农业发展提供了水源支持。

（三）湖南株州炎帝文化圈包括株州、郴州、怀化、常德等地。这里有新石器时代高庙遗址、城头山遗址。晋皇甫谧《帝王世纪》载："炎帝在位百二十年，崩，葬长沙。"③《湖广通志》记载，自宋乾德五年（967）年开始在炎帝陵建庙祭祀，"立庙陵前，肖像而祀""三岁一举，率以为常"，成为定例。北宋在位150余年中祭祀50多次，元明两代祭祀活动不断，清代更频繁隆重，极一时之盛。历代王朝祭祀碑文多达53通，其他碑碣石刻20余通。

这里有着与神农炎帝相关的系列文化记忆。耒阳因神农在此"创耒"，秦时名耒县，汉改为耒阳县，过境之水亦称"耒水"。郴州传说神农在此发现水稻并开始推广。炎陵县则把"茶"的发现归之于神农。这些文化记忆是平原农业发展阶段的重要内容，

---

① [北魏]郦道元著，陈桥驿校证:《水经注校证》，北京:中华书局，2007。
② 陈文华:《炎帝神农相关遗址及遗迹》，武汉:武汉出版社，2021。
③ [晋]皇甫谧撰，刘晓东等点校:《帝王世纪》，济南:齐鲁出版社，2000。

农耕面积扩大，农作物种类增加，农业工具得到了改进。耒耜的发明，牛耕的出现，农业生产效率得到了提升。"牛首人身"的神农形象是这一时期农业耕作技术和生产效率提升的写照。

（四）陕西宝鸡常羊山神农炎帝文化圈，以宝鸡常羊山为中心，有姜城堡、关桃园、北首岭等仰韶文化遗址，有碾盘、水井、陶器等遗存。北首岭遗址中还发现了陶制、石制的纺轮，骨梭和骨针，说明这一区域先民还掌握了纺织技术。常羊山炎帝陵始建于唐代，有碑刻遗存近10通。《国语·晋语四》记载："昔少典娶于有蟜氏，生黄帝、炎帝。黄帝以姬水成，炎帝以姜水成。成而异德，故黄帝为姬，炎帝为姜。"神农炎帝文化嵌入了"禅让"的历史描述，两个部落的战争讲成了兄终弟及的事件，神农氏农业起源的故事被王朝正统的伦理所替代。需要关注的是，这个事件中提到一个关键的地名"姜水"。《水经注》："姜氏城南为姜水。按《世本》炎帝姜姓。《帝王世纪》曰：炎帝，神农氏，姜姓。母女登游华阳，感神而生炎帝。长于姜水，是其地也。"①郦道元引用《世本》《帝王世纪》主要是为了广见闻，客观上却记录了以常羊山为中心，赋予神农炎帝的新文化记忆——汉代以来谱系化的历史叙事。姜水在现在的陕西宝鸡市，姬水是陕西武功县的漆水河，两者都处于周王朝的龙兴之地，而把神农炎帝和黄帝置于同一区域，是周王朝建立之后以伦理化的方式促进族群的融合的重要手段。神农炎帝文化符号从自然之神转向了社会治理、政治治理的"圣王"。农业文明与政治治理开始走向融合，

---

① 何宁:《淮南子集释》,北京:中华书局,1998。

神农炎帝传播的空间转化成为了"圣王"治理的空间，成为了农业社会统一的文化符号。关中平原气候宜人，农业文明发达。因此郦道元、皇甫谧先后引用此说，讲述一个以周文化为中心的圣王故事。神农炎帝成为了铸牢中华民族共同体意识的重要形象，是中华民族共同体意识形成的内在理论逻辑。

（五）台湾神农炎帝文化圈。神农炎帝文化随大陆农业文明而传入台湾岛内，形成了以台北、高雄为中心的神农文化圈。现在台湾有254座供奉神农炎帝的宫庙，有五六百万的信众。台湾供奉的神农大帝是一个神的概念，有黑、红、青三个脸谱。比较有代表性的庙有南部的庆云宫、北部的先啬宫及中部的五谷先帝宫。在台湾，每年都会举办很多次的神农文化祭祀和神农大帝出巡活动。①今天台湾民众把神农信仰视为中华民族的"根文化"，同源同种。台北为中心的神农炎帝文化是"根祖文化"，是新时期统一战线的重要内容。

从铸牢中华民族共同体意识构建视域来看，不同区域神农炎帝文化形象再生产几乎与农业文明的发展是同步的。"距今8000年前后是中国农业形成的关键时阶段，不论是在北方还是南方，都发现了具有真正意义上的早期农业生产的证据。……这个阶段，北方和南方的生业形态都表现为采集狩猎为主，以农耕生产为辅的特点。距今6000年前后，北方旱作农业率先完成了由采集狩猎经济向农耕经济的转变过程。迟至距今5000年前后，长江中下游地区才相继完成了向稻作农业的转变。中国农业形成过程的

①叶宏灯:《神农信仰在台湾有群众基础》,《光明日报》,2016。

发展速度，北方快于南方。"①这一结论是考古学对农业起源的总结。王巍提出："应以农业的出现和发展看成是中华文明形成的重要基础和前提。如果把中华文明起源、形成和发展比喻成一部交响乐的话，新石器时代早中期文化和社会的发展，应视作这部交响乐的序曲。"②按照这个观点，神农炎帝就是序曲的高潮部分，之后这部交响乐开始了它华丽的乐章。

二、铸牢中华民族共同体意识构建视域下神农炎帝文化形象在不同历史阶段的"层累式"再生产与中华民族共同体意识的"聚合式"建构

20世纪20年代，顾颉刚基于经学时代"信古"之风，在《古史辨》自序中提出了大胆的假设"古史是层累造成的，发生的次序和排列的系统恰是一个反背。"之后在《与钱玄同先生论古史书》中进一步解释说："时代愈后，传说中的中心人物愈放大。"③在经学时代，史前历史的描述以价值判断为基础，为了突出经学致用、教化意义，从历史的叠压中虚构和丰富人物的历史形象作为论据，这就是圣人"层累"的形象。从叙事逻辑看，发生的次序与排列系统的反背，本身就是不可靠叙述。随着时代的变迁，"圣人"形象内涵、价值也出现了不确定性，这就使得史前历史描述需要借助更多细节进一步进行清晰的界定，这就是顾

---

①赵志军：《中国农业起源概述》，《遗产与保护研究》，2019。

②王巍：《中华文明起源研究的新动向与新进展——以中华文明探源工程（第一阶段：2004-2005年）为中心》，《社会科学管理与评论》，2007。

③顾颉刚：《古史辨第一册》，上海：上海书店，1926。

颉刚先生"疑古"的理由。

从铸牢中华民族共同体意识构建视域来看，古史"层累式"特征却是文化再生产过程，是中华民族文化共同体意识塑形的重要方式。从历史逻辑来看，"不同区域文明演进过程中，把一条漫长的时间线归于一点，归于一人，成为了人类文明的文化符号，是人类文明记忆最好的传承方式。"刘毓庆先生称之为"打结理论"，从时间视域来看，著名人物或事件表现为历史影像的集合与附着，不同历史时期影像重合在一起，归属于一个人或一件事，这就是文化再生产。在漫长的农业文明演变过程中，五谷的发现、耒耜的发明，医药、茶叶的发现归功于神农炎帝，是切合刘毓庆先生的"打结理论"的描述。

神农炎帝被追述成为农业文明始祖，是历史"层累式"再生产的结果。司马迁《史记·周本纪》记载："武王追思先圣王，乃褒封神农之后于焦，黄帝之后于祝，帝尧之后于蓟，帝舜之后于陈，大禹之后于杞。"①这是神农正式进入中华文明历史叙事的开始。我们很难追溯周武王在分封"圣王"的时候是怎样来设计周王朝政权结构的，但是这个决定却成为了中华民族共同体构建的重要内容。有一点是肯定的，神农、黄帝、尧、舜、禹为中心所构建的上古圣王序列是西周时期不同族群共同体构建的基础。许倬云在《西周史》中总结说："周以蕞尔小国而能克商，既不能由经济国强弱作理由，又不能由军事力量的优劣来分高低，周

___
① ［汉］司马迁:《史记》,北京:中华书局,2013。

之胜利当只能由战略的运用上寻求解释。"①"殷商时代可以看作一个主轴的政治力量，逐步扩张充实其笼罩的范围，却还未能开创一个超越政治力量的共同文化。因此殷商的神，始终不脱宗族神，部落神的性格。周人以小邦蔚为大国，其立国过程必须多求助力……周人的策略，不外乎抚慰殷人，以为我用，再以姬姜与殷商的联合力量，监督其他部族集团，并以婚姻关系加强其联系，同时选用当地俊民，承认原有信仰。新创之周实际上是一个诸部族的大联盟。周人在这个超越部族范围的政治力量上，还须建立一个超越部族性质的至高天神的权威，甚至周王室自己的王权也须在道德性的天命之前俯首。于是周人的世界，是一个天下，不是一个大邑；周人的政治权力，搏铸了一个文化的共同体。"②这个结论是对武王克商策略的总体分析，也是对西周王朝因势利导，摆脱殷人独裁的治理，开创了多族群共生治理，构建了中华民族共同体意识的新格局。李山认为："周初实施的封建，正是求懿德精神的重大结果。唯其如此，从新石器时代以来就遍布中原大地上的林林总总的众多人群，才可能在一个大王朝的格局下共生共存，并以此为前提，逐渐在文化和精神上超越族群的界限走向民族的融合，产生全新的礼乐文明。"③这一论断是许倬云关于西周史论描述的进一步细化，从铸牢中华民族共同体意识视域来看，西周封建王国的建立，改变以商代社会商族独大的统

---

① 许倬云：《西周史》，北京：生活·读书·新知三联书店，2001。
② 许倬云：《西周史》，北京：生活·读书·新知三联书店，2001。
③ 李山：《西周礼乐文明的精神建构》，河北教育出版社，2014。

治模式，构建了多元文明与多元族群融合共同发展的新格局。

西周统治者对上古圣王序列的描述及神农氏等"圣王"族群的封赏，激发了整个王朝对于上古圣王的想象，也成为春秋、战国时期诸子政治立论的基础。《周易·系辞下》说："古者包牺氏之王天下也，仰则观象于天，俯则观法于地，观鸟兽之文与地之宜，近取诸身，远取诸物，于是始作八卦，以通神明之德，以类万物之情。作结绳而为网罟，以佃以渔，盖取诸《离》。包牺氏没，神农氏作，斫木为耜，揉木为耒，耒耨之利，以教天下，盖取诸《益》。日中为市，致天下之民，聚天下之货，交易而退，各得其所，盖取诸《噬嗑》。神农氏没，黄帝、尧、舜氏作，通其变，使民不倦，神而化之，使民宜之。"《周易·系辞》中的这段描述，把人类文明进化的每一个阶段归结为一个整体，并且赋予文明进化以理论逻辑，即每一个进化的阶段都标志着人类对世界的新认知，新思考。包牺氏开始通过观察世界获得人类生存所需要的火，并开始渔猎生活。神农氏则是发明耒耜，开始农业文明，大型村落开始出现，并且有了最早的贸易。黄帝、尧、舜则"使民宜之"，有了各种有益于人民发展的措施与发明，是铸牢中华民族共同体意识的历史逻辑、理论逻辑。

三、铸牢中华民族共同体意识构建视域下神农炎帝文化内涵的再生产揭示了铸牢中华民族共同体意识的道理、学理和哲理

习近平总书记指出："各国历史、文化、制度、发展水平不尽相同，但各国人民都追求和平、发展、公平、正义、民主、自由的全人类共同价值。"①全人类共同价值具有其内在的规范、意义与结构，是人类文明发展至今所凝练并得出的价值共识。②从历史唯物主义视角来看，一个共同体若想具有真正的生命，必须在历史上有某种重要性，必须在人类的事务中起到作用。③在塑形民族共同体意识的进程中，先秦诸子、史学家不约而同地赋予神农炎帝新的文化内涵：一是推进农业始祖形象的整体性和统一性；二是塑形神农炎帝道德圣君与文化品格的共生；三是"致民利""化天下"的政治追求与民族共同体意识的构建。

（一）推进神农炎帝农业始祖形象的整体性与统一性与铸牢中华民族共同体意识的内在逻辑是一致的

汉代开始，不同地域的神农、炎帝渐渐合并为"神农炎帝"。"神农炎帝"不仅成为中国人共同崇敬的始祖，也成为中国人共同崇敬的农耕文明创始人，体现出古代中国人将宗法文化、农耕文化及不同地域文化合一以建构统一中华文化的要求，中华民族文化结构表现出整体性特征。朱汉民先生说："中华民族从多元走向一体的过程，是一个各民族互动的过程"。④汉代文化就将秦文化、楚文化、鲁文化、齐文化等各种地域文化整合成为一个博大深厚的中华文化。正是在这一大的文化背景下，汉人将黄河流域的炎帝和长江流域的神农合一。就绝不仅仅是一个偶然的历史原因，恰恰合乎对先秦地域文化整合的要求以建立宏大的汉代文

①习近平：《习近平谈治国理政》，（第4卷）[M].北京：外文出版社，2022。
②岑朝阳：《中国特色社会主义历史自信论纲》，《理论建设》，2021。
③格伦·延德：《政治思考—些永久性问题》，北京：北京联合出版公司，2016。
④徐杰舜：《从多元走向一体：中华民族论》，桂林：广西师范大学出版社，2008。

化。①神农炎帝文化符号在更大的空间视域中成为中华民族整体的文化记忆和情感。江苏徐州铜山县苗山墓室《神农采药》石刻画像，神农头戴竹笠，身披蓑衣，右手执耒耜，左手牵凤凰（形似孔雀），右上方是蟾宫玉兔，下方是一头有翼衔草的神牛。山东临沂白庄神农是一幅戴笠执舌羽人形象。陕西绥德出土的墓门立柱神农石画像，人身蛇尾，左手握仙草，右手执嘉禾。山西离石马茂庄出土的神农炎帝石画像，持笏站立，人身牛首，前有嘉禾，后有神木。不同区域的神农石刻画像题材内容几乎相同，呈现出文化追求上的统一性。

在农业社会的背景下，随着共同体民族意识的形成，所有与农业业相前的文化母题皆以神农炎帝为始祖。唐代陆羽《茶经》载："茶之为饮，发乎神农氏，闻于鲁周公。"这是神农炎帝形象的再创造，以神农为茶祖，"神农尝百草"的叙事从农业拓展到茶业生产；而"神农尝百草，日遇七十二毒，得茶而解之"，也成为民间茶文化叙事的"母题"，嵌入了各类茶品的传说中。同时沿着茶叶传播的线路，又在空间形成了以神农炎帝形象为标志的民族共同体意识。广东省、福建省、云南省等重要产茶区都将具有地域特色的采茶生活与神农炎帝联系起来。武夷山茶农每年在采茶时会在御茶园祭祀茶神，举行喊山仪式上。云南勐库镇是重要的普洱茶产区，传说茶叶是神农氏在尝百草时发现的，因此把其雕像供于茶山，每逢开山采茶，必从祭祀神农开始。神农炎帝形象的认同推进了民族意识的融合，其底层逻辑与铸牢中华民

---

① 朱汉民：《"神农炎帝"与湖湘文化》，《社会科学战线》，2015。

族共同体意识的逻辑是一致的。

（二）神农炎帝的道德认同是中华民族共同体意识生成的理论基础

民族文化品格是民族文明素质或素养的集中体现，是一个国家繁荣富强的精神表征，也是一个民族屹立于世界民族之林的道德支撑。[1]有学者认为，共生实质上是兼顾文化层次之内与政治体系之外的排序与升华过程，是一套适宜于中华民族共同体建设的文化价值体系。[2]神农炎帝"身亲耕，妻亲织"的道德感召力产生了强烈的文化认同，生成了"圣王"崇高道德的文化形象，成为了中华民族共同体意识的重要政治品格。

春秋时期《管子》记载："神农作，树五谷淇山之阳，九州之民乃知谷食，而天下化之。"[3]管子以神农道德品格作为"天下化之"的前提，也就是说道德认同是推进文化共生的重要驱动力。汉代陆贾对神农形象进行了再创造，《新语·道基》云："至于神农，以为行虫走兽难以养民，乃求可食之物，尝百草之实，察酸苦之味，教民食五谷。"[4]"尝百草，察酸苦之味"，创造了一个具有自我牺牲精神的神农形象。牺牲自我而勇担道义的个体道德，成为社会倡导的道德品质，进而成为民族共同体的文化品格，甚至成为王朝统治合法性的重要依据。《商君书》说："神农

---

①马建辉：《以社会主义核心价值观打造民族品格》，《光明日报》，2014。
②龙金菊，高鹏怀：《记忆、认同与共生：兼论"爱国奉"精神与铸牢中华民族共同体意识的文化逻辑》，《广西民族研究》，2019。
③[唐]房玄龄注，[明]刘绩补注：《管子》，上海：上海古籍出版社，2015。
④[汉]陆贾：《新语》四部丛刊本，上海：商务印书馆，1919。

之世，男耕而食，妇织而衣，刑政不用而治，甲兵不起而王。"①
商子此言重在强调"名尊者，以适于时"，说明神农氏道德性是
民族共同体意识生成的理论逻辑，是国家政治治理的关键。《吕
氏春秋》将其具像化为："神农之教曰：士有当年而不耕者，则
天下或受其饥矣；女有当年而不绩者，则天下或受其寒矣。故身
亲耕，妻亲绩，所以见致民利也。"②以个体道德的修养，进而谋
求与天下共生、天下共利的文化品格，是中华民族家国情怀的重
要内容。

神农炎帝道德认同与其共生的"圣王"形象进入获得了广大
区域族群的认同，成为民族共同体意识的重要内容。先秦诸子、
两汉儒家学者用更多的细节来丰富其形象，以此来适应越来越广
大的国家疆域，不断丰富中华民族共同体意识内涵，使神农炎帝
成为铸牢中华民族共同体意识的重要"文化基因"。

（三）神农炎帝"致民利""化天下"的政治追求是中华民族
共同体意识构建的理论依据

《管子·形势解》："神农教耕生谷，以致民利。禹身决渎，
斩高桥下，以致民利。汤、武征伐无道，诛杀暴乱，以致民利。
故明王之动作虽异，其利民同也。故曰：万事之任也，异起而同
归，古今一也。"在管子看来，神农氏发现五谷"致民利"，"化
天下"是融合族群，建立大一统、治理天下的重要因素，构建了

---

① 蒋礼鸿：《商君书锥指》，北京：中华书局，1986。
② ［战国］吕不韦著，陈奇猷校释：《吕氏春秋新校释》，上海：上海古籍出版社，
　　2001。

超越"家"天下的文化与社会治理目标。"致民利","古今一也",就是整个天下都以民为本,实现整体的繁荣。不难看出,《管子》一书中多次提到神农,试图通过赋予神农丰富的文化内涵,构建出天下一统的政治理想。"致民利"是以天下为一统,实现各族群共同繁荣的关键。北魏贾思勰《齐民要术自序》:"盖神农为耒耜,以利天下;尧命四子,敬授民时;舜命后稷,食为政首;禹制土田,万国作义;殷周之盛,诗书所述,要在安民,富而教之。"①从管子到贾思勰,论述的核心都是"故明王之动作虽异,其利民同也"。"利民"是所有"明王"共同的追求。神农炎帝"致民利""化天下"的文化符号逐渐成为了不同时期王朝政治清明的标准,成为了"利民"为本的"王道"思想的核心,是铸牢中华民族共同体意识的理论依据。

从铸牢中华民族共同体意识视域来看,神农炎帝是嵌入民族共同体意识的重要"文化基因"。神农炎帝形象的传播与再生产,揭示了铸牢中华民族共同体意识的历史逻辑、理论逻辑。进而从全人类的发展来看,也是全人类命运共同体发展的重要路径。正如习近平总书记说:人类命运共同体,顾名思义,就是每个民族,每个国家的前途命运都紧紧联系在一起,应该风雨同舟,荣辱与共,努力把我们生于斯,长于斯的这个星球建成一个和睦的大家庭,把世界各国人民的美好生活的向往变成现实。②

---

① [北魏]贾思勰:《齐民要术》四部丛刊本,上海:商务印书馆,1919。
② 习近平:《习近平外交演讲集》(第二卷),北京:中央文献出版社,2002。

——第一编——

多元视野下高平羊头山与
中华农业文明起源研究

习近平总书记在中共中央政治局第二十三次集体学习时指出，中国考古学应继续探索未知，揭示本源，加强对中华文明起源与早期发展相关问题的研究，探索三皇五帝等史前人物是神话传说还是确有其人。将埋藏于地下的古代遗存发掘出土，将尘封的历史揭示出来，将对它们的解读和认识转化为新的历史知识。因此，我们有必要综合各领域最新的研究成果，围绕中华文明起源这一重点问题，从古气候学、考古学、历史学与人类学视角，把中华农业文明起源问题进一步清晰、全面地呈现出来。

第一节　古气候学、考古学对
中华农业文明起源的追溯

　　从古气候学、考古学的视角来看，环境变化在人类进化和文明演变中扮演着重要的角色。学界普遍认为，第四世纪冰期干旱寒冷的环境推动了人类的进化，随之而后的全新世暖湿气候使人类发生了质的飞跃，进入了农业文明发展阶段。环境考古学进一步明确了农业文明发展与气候的关系。目前各国科学家陆续在世界上的9个地区找到了农业独立起源的证据，它们分布在中国、美索不达米亚、安第斯山/亚马孙河地区、美国东部、撒哈拉、热带西非、埃塞俄比亚和新几内亚等地带。古气候学、考古学的证据表明，人类最初从采集和狩猎经济向原始农业的转化在世界上的不同地区几乎是同时的。在中国北方，1万年前突然变化的气候，使得北方地区从草原—森林景观向类草原景观演化，这一过程驱动了自然物种的选择过程。只有在多变的气候条件下可以存活的物种才能生存下来。而这些生存下来的野生植物，就成了人们驯化的首选对象。[1]

---

[1] 崔建新：《气候与文化：基于多源数据分析方法的环境考古学探索》，北京：科学出版社，2012年。

葛全胜院士指出，全新世中国气候变化可分为早期增暖、中期温暖和晚期转冷三个基本阶段。结合陕西黄陵县黄土检测和华北平原考古的基本资料进行综合分析，公元11500年前以后的2000多年，中国气候迅速变暖，此后增暖过程虽有所减缓，但大多数地区持续增暖到公元前8000年前。[1]洛川地区10~8500aB.P.孢粉浓度逐渐增加，蓼属及毛茛科的中生植物成分显著增加，说明湿度也逐渐增加。[2]这一时期是旧石器时代时期，所有考古资料证明，人类在这一阶段属于狩猎和采集时代。公元前8000年前至公元前4300年前，中国气候比今天显著温暖，被称为全新世大暖期。其中公元前7200至公元前6000年前是全新世暖期的鼎盛时期，全国平均气温比过去百年约高2℃。全新世早期迅速升温的同时，中国夏季风显著增强，绝大多数地区降水增加。全新世暖期，中国降水量较现代普遍偏多，气候总体上暖湿。[3]全新世暖期水稻北界北移2到3度，至北纬35度线附近。在古气候变迁中，这可能是人类迎来的最适宜其进化与发展的进机。可以想象，气候的变化带来了整个环境的变化，森林、河流养育了很多的猎物，植物多样化也促进了采摘的便利，也必然会促使农业文明诞生。8500~8000aB.P.前后，植被以森林草原面貌为特征，中间出现了蒿特别繁盛的茂密草原，阔叶树种大量出现，植物种类增多，代表了中全新世气候的最佳

---

[1]葛全胜:《中国历朝气候变化》,北京:科学出版社,2021年。
[2]石建省等:《黄土与古气候演化》,北京:地质出版社,1998年。
[3]葛全胜:《中国历朝气候变化》,北京:科学出版社,2021年。

期。[1]在文化系统尚很脆弱的情形下，气候变化对文化的影响很大。这些数据表明了植物生长与气候的关联，也让我们明白了人类进化过程中与环境的依存关系。考古文化也证明了这一点，8000~7000aB.P.是我国新石器文化尤其是农业发展的重要阶段，河南裴李岗文化、河北磁山文化、甘肃白家村（大地湾）文化、山东后李文化以及内蒙古兴隆洼文化等大文化中心并存于中国北方，前三者的农业遗存尤其突出。此时已经从早期驯化、采集农业阶段向定居农业发展。为了适应这种需要，人类也开始较为固定地在一定地域生存，从而大的初级文化中心开始形成。此时，南方众多山地、丘陵以及湖沼地带的文化分布近乎绝迹。长期以来南方的典型物种水稻却在北方裴李岗文化舞阳贾湖遗址和陕西李家村遗址发现。[2]

古气候研究也表明，北纬35度线附近更适宜水稻生长。水稻对水分的要求非常高，既不能太干也不能太湿，更南的纬度反而并不利于水稻的栽培。磁山文化系统，沿太行山脉东麓，南自漳河，北达易水，处于华北平原西部边缘，计有磁山、南岗、牛洼堡、西万年和容城上坡等5处。[3]这些遗址处于华北平原巨大的冲积扇上，符合生态学上的边缘生态效应，人类可以获取更多食物资源。也是农业文明从山地转向平原的过渡地带。

人类最早种植的粮食作物是粟和黍。崔建新综合考察考古资

---

[1]石建省等：《黄土与古气候演化》，北京：地质出版社，1998年。
[2]崔建新：《气候与文化：基于多源数据分析方法的环境考古学探索》，北京：科学出版社，2012年。
[3]安志敏：《略论华北早期新石器文化》，《考古》，1984年第10期。

料与粟、黍的生物特性，得出如下结论：粟即谷子，系耐旱作物，需水量少，全生育耗水期平均每公顷只需3000立方米。黍、糜是禾本科，黍是其中唯一的栽培作物，具有很强的抗逆性和适应性，是禾谷类作物中最抗旱的作物之一。根据以上分析，温度对当时动植物的生存和分布影响很大，仰韶文化晚期，文化分布的最北界为冀西北的桑河盆地。[①]从现有考古资料和土壤分布格局来看，华北是为黍、粟重要的起源中心区，而太行山南段的山间盆地和洪积冲积扇地带土壤条件应该是最好的。到4000aB.P.前后，进入了半湿润的草甸、草原时期，在该植被的中部有一个总孢粉浓度达500粒/g的时期，当时蓼属、十字花科、禾本科、毛茛科植物都出现了高峰，说明气候相当温湿。之后在3000aB.P.前后，新冰期来临，孢粉浓度几乎为零。[②]距今5500~4000aBP，为中国新石器时代的晚期阶段。这一时期我国的黄河流域、长江流域以及华南地区，都已迈入发达的锄耕农业阶段。随之形成了阶级，产生了城邑。[③]至此，中国农业文明快速发展，国家形态也逐渐形成。

回到论证的中心，中国农业文明起源探索，崔建新论证以冀南地区为中心，推论太行山南段是最适宜粟和黍生长的，也最有可能是农业文明的起源地。太行山南段呈东西走向，太行

---

①崔建新：《气候与文化：基于多源数据分析方法的环境考古学探索》，北京：科学出版社，2012年。

②石建省等：《黄土与古气候演化》，北京：地质出版社，1998年。

③崔建新：《气候与文化：基于多源数据分析方法的环境考古学探索》，北京：科学出版社，2012年。

山南段核心区域是上党高地，地处山西省东南部，为四周群山环绕的一块高原盆地，依丹朱岭和羊头山为界，可分为南北两个区。北部浊、清漳河流域形成长治盆地、南部丹河与沁河流域形成晋城盆地，北依松子岭和八赋岭，东依太行山，西依太岳山和中条山，南依王屋山脉。与太原盆地、晋东山地、华北平原、晋南谷地毗邻。羊头山为太行山余脉首阳山之主峰，海拔1297米。[1]狄子奇《国策地名考》曰"地极高，与天为党，故曰上党"，其意即此。目前在太行山南段发现的人类活动遗址有麻吉洞遗址，根据山西大学历史文化学院的试掘报告，在距今大约3万年前。1985年到1989年，陈哲英研究员发现并试掘了塔水河遗址，报告根据堆积物、人类及其伴生的动物化石和石制品，表明这是一处距今26000年的旧石器文化遗址。[2]塔水河属海河水系的小支流，全长10余千米，河谷年平均气温在10 ℃以上，降雨量700毫米左右。下川遗址距中主文化的早期距今约2.3~1.3万年，这1万年正是末次冰期的鼎盛期，中主文化后期。1.3~1.2万年间是一个间冰期，夏季季风增强，气温加升，有一些树木生长。[3]高平羊头山细石器属于这一时期。羊头山海拔2000米，山势险峻，周边坳地开发时间早，第四纪土状堆积不很发育，不利于考古资料收集。1990~1991年山西省考古研究所王益人同时任高平县文博馆常四龙在羊头山山坡土状堆积的扰

---

[1]王益人，常四龙：《山西高平县羊头山细石器》，《文物季刊》，1992年第2期。

[2]陈哲英：《陵川塔水河的旧石器》，《文物季刊》，1989年第2期。

[3]孙建中，柯曼红，石兴邦，张子明，陈哲英，吴加安，张素琳：《下川遗址的古气候环境》，《考古》，2000年第10期。

土中，以及附近山冈的灰绿色页岩分化层中发现了早期细石器，共采集石制品80余件，其中石片石核3件，细石核3件，石片22件，石叶2件，各种刮削器11件，刃器10件，雕刻器1件，楔形折器4件。研究表明，这些细石器与下川文化极为相似，应为下川文化的组成部分。[1]2014~2017年北京师范大学历史学院与山西省考古研究所对下川遗址富益河圪梁地点发掘表明，下川遗址年代为距今33070±330年，属旧石器时代晚期早段。[2]虽然现在还没有考古证据说明下川文化是粟作农业的起源地，但太行山南段早期人类生活遗迹的多样性，说明了这一区域是人类从狩猎向农业文化过渡的重要区域。

羊头山为界的晋城盆地、长治盆地年平均气温10.2℃~12℃，七月平均气温27℃，平均年降水量626~750毫米，降水量主要分布在夏季，占全年降水量的56.4%，年最大降水量为1010.4毫米，更适合粟、黍的生长。上党高地河流纵横，境内河流分属海河与黄河两大流域，主要有海河流域的浊漳河、清漳河、卫河以及黄河流域的沁河、丹河。这也符合人类文明从狩猎、采摘到农业文明发展的地理条件，随着人口的增长，气候条件的变化，人类农耕文明最早发生在狩猎和农业文明萌发的过渡地带，其发展顺序由高山向沟洫、平原发展，太行山南段也因此成为粟、黍最早的起源地。仰韶文化是继磁山文化之后的又一个重要文化发展时

---

[1] 王益人，常四龙：《山西高平县羊头山细石器》，《文物季刊》，1992年第2期，第1~6页。

[2] 杜水生，任海云，张婷：《山西沁水县下川遗址富益河圪梁地点》，2014年。

期。文化考古表明，冀西北的仰韶文化是山西高原仰韶文化向东
传播的结果。①

---

①崔建新：《气候与文化：基于多源数据分析方法的环境考古学探索》，北京：科
学出版社，2012年。

第二节 古代神话与历史两种叙事方式
与中华文明农业起源多元共生说

　　赵志军概括中国农业起源说:"距今 8000 年前后是中国农业形成的关键阶段,不论是在北方还是南方,都发现了具有真正意义上的早期农业生产的证据。……这个阶段,北方和南方的生业形态都表现为采集狩猎为主、以农耕生产为辅的特点。距今 6000 年前后,北方旱作农业率先完成了由采集狩猎经济向农耕经济的转变过程。至距今 5000 年前后,长江中下游地区才相继完成了向稻作农业的转变。中国农业形成的速度,北方快于南方。"[1]我们可以根据这一结论来看古代历史学对农业起源的描述。20 世纪 30 年代,依据当时的考古发现并结合文献梳理,徐中舒就推测"仰韶似为虞夏民族遗址"。20 世纪 50 年代,范文澜推测"仰韶文化就是黄帝族的文化"。20 世纪七八十年代以来,对"五帝时代"进行考古学探索的学者日益增多,如俞伟超、邹衡、严文明、李伯谦、许顺湛等对三苗、唐尧、东夷、虞舜、炎黄文化的对证研究。白寿彝总主编的《中国通史》,对"五帝时代"历史进行了总体梳理和宏观阐释。在第 2 卷"远古时代"部分,苏秉琦等认

---

[1] 赵志军:《中国农业起源概述》,《遗产与保护研究》,2019 年第 2 期。

为，仰韶文化后期对应炎黄时期，龙山时代对应尧舜禹时期，这是中国新石器时代文化谱系基本搭建起来以后，考古学家对求证上古史作出的重要贡献。①

考古学家和历史学家的结论，也可以在现存古代文献中得到求证。现存文献都将农业起源归功于神农氏。关于神农氏的记载，在古文献的描述中有两种叙事方式：一种是神话叙事，以各种口述与地理杂志为中心；另一种是历史叙事，以《史记》为代表谱系化叙述，其中也杂糅了由神话历史化而形成的各种文本。

首先来看神话叙事。袁珂先生界定，神话是人类社会童年时期的产物，神话虽然不是历史，但有可能是历史的影子，可以看到古代人民的思想观念，对世界的设想。②朱大可先生称中国上古神话为"破碎的神系"，有着一些截然不同的副本，据此呈现出驳杂、破碎、重叠、自相矛盾、风格多样的面貌。③朱大可的论述是基于人类起源的非洲说，其追述中国神话源头也和人类的大迁徙联系起来。这两种观点虽然看上去不同，但本质都认为神话与历史是两种完全不同的叙事方式。

中国神话从盘古开天辟地开始，而后伏羲、女娲造人。这一阶段，伏羲还发明了火，女娲抟土造人，建立了婚姻制度。再之后就是神农炎帝播五谷，创造了农业文明。史前文明的神话叙事是线条式的，内容超越了考古发现中人类面临的种种灾难和选

---

① 韩建业：《结合古史传说探索中华文明起源》，《历史评论》，2021年第1期，第11~14页。
② 袁珂：《中国古代神话》，北京：商务印书馆，1957年。
③ 朱大可：《华夏上古神系》，北京：东方出版社，2014年。

择。但转承之间还是有相似的内容——火的发明，大大提升了人类的生存质量，人类开始大量繁衍，人口数量增加，这些直接刺激了农业文明的出现。

现在所能收集到的神农神话叙事是散乱的，可以大致收录如下：

《白虎通·五行》："炎帝者，太阳也。"

《白虎通》："古之人民，皆食禽兽肉，至于神农，人民众多，禽兽不足，于是神农教民农作，神而化之，使民宜之，故谓之'神农'。"

《绎史·卷四》引《帝王世纪》："炎帝神农人身牛首。""神农之时，天雨粟，神农遂耕而种之……然后五谷兴助，百果藏实。"

《水经注·漻水》："神农既诞，九井自穿，谓斯水也。又言汲一井则众水动。"

王嘉《拾遗记·炎帝神农》："（炎帝）时有丹雀，衔九穗禾，其坠地者，帝乃拾之，以植于田，食者老而不死。"

《搜神记》："神农以赭鞭鞭百草，尽知其平、毒、寒、温之性。"

《淮南子·修务训》："神农尝百草之滋味，一日而遇七十毒。"

这应当是关于神农神话叙事相关的全部内容了。综合起来给人们三个维度的描述，一是神农是太阳，第四纪冰期结束，全新世气候开始，北方气温快速上升，这是农业文明起源最基本的自然条件。二是神农发现五谷，这是从农业采集到农业驯化的过程。其中包括气候变化，在干冷环境中，人类主动寻找解决问题的办法，井的出现就是解决这一问题的有效手段。除此之外，锄耕技术发明，提高了谷物产量，而牛耕则大大提高了耕种效率。三是神农尝百草，这是定居之后的代价。农耕是一种稳定的生活方式，但饮食的单一造成健康水平的下降。一位外国专家首先提出从渔猎到农业社会、工业社会，导致人类生活质量下降，Diamond 也提及人们的近距离生活，导致传染病流行。[1]这就又有了之后的神农神话描述，"药"的发现，"茶"的发现。

神话叙事讲述了神农氏从发现种子到大面积农业种植的过程，甚至还加入了灌溉、牛耕技术。这里面应当加入了原始人们的想象。但毫无疑问，这是农业文明的成熟时期，已经离开高山农业，走向了沟洫农业阶段。这一个阶段已经可以抵抗住气候变迁对文化的影响。结合考古和古气候学，这一时期应当在公元前4000年前后。

历史文献关于神农炎帝的叙事一开始就呈现出谱系化的方式。《易·系辞下》称"包牺氏没，神农氏作，斫木为耜，揉木为耒，耒耨之利，以教天下"，《史记》五帝叙事从黄帝始，只略提及说："轩辕之时，神农氏世衰，诸侯相侵伐，暴虐百姓，而神农氏弗能征。于是轩辕乃习用干戈，以征不享。"这个记载说

---

[1]崔建新:《气候与文化——基于多源数据分析方法的环境考古学探索》,北京:科学出版社,2012年。

明神农氏曾经建立了一个大联盟，而后黄帝取而代之。《史记·历书》又云："神农以前尚矣。盖黄帝考定星历，建立五行，起消息，正闰余，于是有天地神祇物类之官，是谓五官。各司其序，不相乱也。"这个理由很充分，历法才能有序记录一段历史。尽管黄帝之前是神农氏，但因为没有历法，无法有序记录事件。这也间接说明关于神农的事迹在司马迁时流传应当比现在记录的要多，不能只是现在这么几条。

再之后就是谱系化的改造了。虽然谱系化改造模糊了历史的真实，但经过以伦理为标准的谱系化历史成为封建王朝政权正统性的模板。《国语·晋语四》记载了黄帝、炎帝两个氏族部落的情况："昔少典娶于有蟜氏，生黄帝、炎帝。黄帝以姬水成，炎帝以姜水成。成而异德，故黄帝为姬，炎帝为姜。"《史记》中录入这段话，唐代司马贞解释这件事情说："按《国语》炎帝、黄帝皆少典之子，其母又皆有娲氏之女。据诸子及《古史考》，炎帝之后，凡八代，五百余年。轩辕氏代之。岂炎帝、黄帝，是昆弟而同母氏也？皇甫谧以为少典氏、有女娲氏，诸侯国号。然则姜姬二帝，同出少典氏。黄帝之母，又是神农母氏之后代女，所以同是有娲氏之女也。""神农之后凡八代，事见《帝王代纪》及《古史考》。然古典亡矣，况谯皇二氏，皆前闻君子，考按古书而为此说。岂至今凿空乎？说此纪亦据以为说。其《易》称，神农氏没，即榆罔，榆罔犹袭神农之号也。"

这是一段很有意思的描述，把两个部落的战争讲成了兄弟之间的事件，于是神农氏农业起源的故事被王朝正统的伦理所替代，农业的创建也就被淹没在了浩瀚的历史长河中了。需要关注的是，这个注解中有一个关键的名词"姜水"。于是后世论神农起源必以"姜水"为其源。考《水经注》："姜氏城南为姜水。按《世本》炎帝姜姓。《帝王世纪》曰：炎帝，神农氏，姜姓，母女登感神而生炎帝，长于姜水。"郦道元借用了汉代谱系化的叙事结构，神农炎帝和黄帝又是兄弟关系，一个姓姜，一个姓姬，于是就把神农炎帝归于姜水了。我不怀疑郦道元的科学精神，而在于郦道元从汉代文献中捕捉到的信息本身存在问题。因此这一条并不能说明神农氏真的起源于姜水。炎帝姜姓出自《国语》，把两大部落说成兄弟关系，显然与真实历史相背。其合理性是源于伦理化之后的王朝的想象，既是兄弟，其居不远。姜水在现在的陕西宝鸡市，姬水考古界考证是陕西武功县的漆水河。左右各居周王朝的龙兴之地。汉代以后，关中平原气候宜人，农业文明发达。因此郦道元、皇甫谧先后引用此说，并非真的要追溯农业起源，而是讲述一个以周文化为中心的圣王故事。况且此论又可兼及伦理为基础的皇权，无论如何不可能把神农氏指向太行山的羊头山。

不难看出，在历史的叙事语境中，神农氏有两个称号，一是神农，二是炎帝。不过更值得注意的是，在"炎帝"和"神农"的称谓中，皇甫谧、司马贞转换自如，应当说这两个称谓在历史的语境中是同等的。后世称神农炎帝，只是把两个称谓叠加了。[1]需

---

[1]宋海燕认为,炎帝与神衣氏是中国神话传说时代的人物,在东汉之前是无关联的两个人,在东汉时期出现了炎帝神农氏称谓。(宋海燕《"炎帝神农氏"考略》《海南大学学报(人文社会科学版)》,2019年第3期,163~169)李颖科亦持此说。(李颖科:《炎帝非神农考》,《史前研究》,2000年第2期。)

要说明的是，郑玄在《礼记·祭法》还有另一说法："厉山氏之有天下也，其子曰农，能殖百谷"作注中称："厉山氏，炎帝也，起于厉山，或曰有烈山氏。"这一条不知郑玄如何根据"能殖百谷"推论为炎帝。而烈山氏，今天学界认为是烧山火以利农耕，烈山与炎帝同为火。神农、炎帝、烈山氏无论其一人多号，还是三人，在历史叙事中把他们定位为上古农业起源到农业发达时期的代表，这一点是没有争议的。

《竹书纪年·周书》记载："上古帝榆罔凭太行以居冀州。榆罔之后，国为榆州。"清人吴倬信补注《汲冢周书》云："昔烈山帝榆罔之后，其国为榆州。曲沃灭榆州，其社存焉，谓之榆社。地次相接者为榆次。"南宋罗泌《路史》载："黄帝封炎帝后参卢于潞，守其先茔，以奉神农之祀。"从中分析的话，应该是末代炎帝榆罔在山西上党地区活动，今天山西的榆次、榆社等地名的来历就与此有关。后来，黄帝文明统一了山西，留下榆罔的后裔参卢看守他的陵墓。参卢的封地古潞国就是现在的长治市潞城县，潞即古潞国，春秋时被晋所灭。

从零星历史记录中不难看出，上古神农炎帝文明真的是一个短暂的文明时期，这一时期出现了村落，但还没有完整的国家形态出现。如果以公元前4000年前后为上限，神农氏历八代，共传530年，其下限就应当是公元前3500年左右。这和国内多数学者提出的中华文明起源的标志相一致，这个标志是农业取得了一定程度发展，社会出现较为明显的阶层分化。①《潜夫论·五德志》"神农以日中为市，至天下之民，聚天下之货，交易而退，各得其所。"这是对神农炎帝社会化水平描述的最早记录，之后便是《史记》五帝时代的开端——黄帝取代神农氏而有天下。王巍提出："应以农业的出现和发展是中华文明形成的重要基础和前提。如果把中华文明起源、形成和发展比喻成一部交响乐的话，新石器时代早中期文化和社会的发展，应视作这部交响乐的序曲。"②按照这个观点，神农炎帝就是序曲的高潮部分，之后这部交响乐开始了华丽的乐章。

①2008年3月，著名考古学家、北京大学中国考古学研究中心主任李伯谦先生发表文章，改变了他在"探源工程"启动初期的观点——将五帝时代的上限定在前3500年。而主张炎黄在新石器时代晚期，距今7000~4500年；颛顼、帝喾、尧、舜、禹在新石器时代末期，距今4500~4000年。
②王巍：《中华文明起源研究的新动向与新进展——以中华文明探源工程（第一阶段：2004—2005年）为中心》，《社会科学管理与评论》，2007年第2期，第64页。

第三节　高平神农茶祖形象传说的人类学诠释

　　神农炎帝是农业文明起源过程中历史影像附着和重合之后的形象，涵盖了农业文明从尝五谷、种植、工具发明、农业社会规则制定的全部内容。农业文明的丰富性赋予人们更多的想象。司马迁《史记》始于黄帝，并且把黄帝取代神农氏的变革描述为集团内部新兴势力集团取代旧集团，但仍然把农耕文明中很多美好的事物归之于神农氏，"琴"的发明，饮食文明的开端，医药的发明等，这就是《神农食经》《神农本草经》流传的历史动力。这一潜在的历史描述，赋予了神农氏"药祖""茶祖"的形象。如果说神农炎帝历史影像是从口述史中渗透到历史的结果，"药祖""茶祖"的形象则是从历史典籍和后人历史重构中采用形象追溯的方式，渗透到口述史中的，这种文化现象如何解读是人类学研究的重要内容。

　　要想解释清楚这个问题，就需要从文明起源过程中重新寻找一条从农业到中药学、茶文化的完整线索，讨论后世历史重构的逻辑，才能还原这一形象的意义和价值。农业文明加速了社会发展，战争与权力的争夺，资源控制，国家起源，这是社会的进化。在这个宏大叙事的背后是人类日常生活的变迁，衣食住行等方方面面。

《淮南子》："神农尝百草之滋味，察水泉之甘苦，令民知所避就，当此之时，一日而遇七十毒。"

《淮南子·修务训》："神农尝百草之滋味，一日而遇七十毒。"

这是关于原始人类植物识别的记忆。从五谷的发明到植物特性的识别与食用应当是原始人类从动物界中学习到的一种能力。不过需要注意的是，植物对食草动物和人类的影响是不一样的，食草动物可食用的植物范围很大，而且有很多植物对人类来说是有害的，因此人类必须逐个识别不同种类植物对人的影响。这应该是人类最原始的识别植物的动机。随着农耕文明的发展，人类定居生活给人们带来了新的契机。农耕是一种稳定的生活方式，但饮食的单一，造成了健康水平的下降。以村落形态出现的人们的近距离生活，导致传染病流行。[1]于是人类有了寻找解决人类疾病的途径的动因。在疫情面前，人类生命的脆弱和动物的强壮，激发了原始人类探寻野生动植物特性的冲动。这个动因在历史叙事中被赋予了极高的道德意义，人们把它归因于神农，于是就有了神农尝毒，得荼而解的叙述。

这个动因在高平羊头山周边的碑刻与民俗中得到回应。唐代《泽州高平县羊头山清化寺碑》载："调药石之温毒，除瘵延龄。"明代《明修神农庙记》载："民有疾病，未知药石，帝则历尝百草，遂作方书，医道立矣。"清代《增修炎帝舞楼记》载："（炎

---

[1] 崔建新：《气候与文化：基于多源数据分析方法的环境考古学探索》，北京：科学出版社，2012年。

帝）又作方书以疗民病。"这是一条很有意思的叙事线索。可以看出，人类发展过程中对疾病的记忆是深刻的，几乎伴随着人类成长的全部历史阶段。一直到今天，科学的发展仍然没有太多的办法去解决这个问题。人类面对疾病，总是充满了恐惧。而神农炎帝的历史叙事，记载了人类克服和战胜疾病的途径，也成为人类战胜疾病的符号。

原始人类从生存的环境中模仿动物去识别草的品性，一定是付出了太多生命的代价才获得的经验。"日遇七十二毒"就是这种生存经验的记忆。《搜神记》载："神农以赭鞭鞭百草，尽知其平毒寒温之性。"这则神话故事充满了一种宗教仪式感。面对人们用生命为代价所识别的植物特性，需要用特定的仪式来确保它的安全性。今天在高平市周边的农村还有献"药草"拜"药神"的习俗。家里有病人时，人们用红布或红色的纸盖在采来的药草或盛上水的茶杯上，供奉于神位之前，上香行礼后，静待一夜，第二天食用，诸病可解。这是一个很神秘的礼仪，很多老人对此笃信不疑。这个仪式和上面的神话传说中相似的部分就是植物品性的识别的庄重与仪式化。不同的是没有"鞭草"，"鞭草"从行为学的视角是由"神"来实施的动作。"赭鞭"，就是"神"有专用工具。"赭"《说文解字》"赭，赤土也。""赭鞭"可以字面解释为红色的鞭子。红色是人类记忆中火的色彩，在民间也成为吉祥的色调，是民间巫术活动中常见的驱除邪魔的工具。这更像是弗雷泽所描述的"交感巫术"。在世界各民族的史料中发现，在许多国家，在各种时代，都曾存在过集祭司与帝王于一身的人物。他们具有半人半神或半神半人的性质，仿佛他们能够控制自然力,诸如降雨、赐予、使庄稼丰收等等。这些兼帝王与祭司于一身的人,最初的根源在于交感巫术在人们的信仰和行动中占据着主导地位。①现在我们有理由可以相信:在上古人类的记忆中,对于野生植物的品性,人们充满了敬畏,只有神农这样集祭司与帝王一体的人物,才能最终决定其品性和分类。

然而,最终连神农也会中毒而死。高平周边有这样的神话传说,炎帝因误食一种百足虫无以解毒而身亡,就葬在了今庄里村的五谷山山脚下。百足虫不是虫,而是一种名为"马陆"的植物,还有说是"断肠虫"或"断肠草"。传说神农炎帝因尝断肠草中毒后,随即骑马往羊头山居所方向走,但途中终因毒性过重而辞世。一路上经过之处留下了许多印迹,这就是羊头山东麓有关村名的来历——挨马营、北营村、庄里村、卧龙湾等。换马村是神农炎帝策马行走至此地时,已无法自己骑马,只好下马后由众人抬着往前走,因此有"换马"说。步行不久,神农炎帝病情严重,已不能回应,即"不应"(高平方言与北营同音)。神农炎帝去世后,人们将其置于山湾边,因此有卧龙湾。最后安葬仪式在庄里村举行,主丧与装殓同音。因此这一带被人统称为"神农"村。现存唐天祐七年(910)"泽郡高平乡神农团池村"碑,可见早在唐代这些传说就已经在这一区域广泛流行了。

这个传说可能并不像陈述的内容这样简单。我们考察世界各国的民俗时会发现很多地方都流行着相似的故事:"杀死神王"。

① [英]詹·乔·弗雷泽著,徐新育、汪培基、张泽石译,刘魁立:《〈金枝〉中译本序》,北京:中国民间文艺出版社,1987年。

格陵兰人相信风能杀死神王。霍屯督人有一尊神或有神性的英雄，叫赫兹–厄比，他死过好几次，又活了过来。弗雷泽认为："人、畜以及植物的繁盛据信都依赖于神王的生命，并且神王都死于非命，不论是单独械斗或是其他办法，为的是要使他们的神性传给精力充沛的、未受老病衰颓影响的继承者，因为在神王的崇拜者看来，他如有任何这类的衰退，就会引起人、畜和庄稼相应的衰退。"①当然有理由相信，当神王或祭司被处死后，他的灵魂被认为是传给了他的继承者。在羊头山周边的传说中，神农炎帝离世后，他的继承者有"原配娘娘"，这应当是临时的神王。在每年的四月初八，黎岭炎帝庙、百谷山炎帝庙、原家庄炎帝庙都会祭祀这位临时神王。而神农炎帝的真正继承者可能是大太子、二太子、三太子、五谷老爷。釜山村炎帝庙供奉的是炎帝、大太子。下台村炎帝中庙、贾村炎帝庙供奉的就是炎帝、大太子、二太子。高良村炎帝庙供奉的是炎帝与二太子。庄里村炎帝寝宫供奉的是疙瘩老爷、五谷老爷。焦河村炎帝神农庙供奉的是炎帝与三太子。这里有一个让人觉得迷惑的地方，神农炎帝去世后，他的神力不是传给了一个人即另一个神王，而是分散给了他的后妃、太子们，还有疙瘩老爷、五谷老爷。疙瘩老爷、五谷老爷更像是神王的守陵人或是其他有关联的神。这个疑点如果和《史记》记载相联系的话，似乎可以得到一个合理的解释。《史记》说："轩辕之时，神农氏世衰，诸侯相侵伐，暴虐百姓，而

---

① [英]詹·乔·弗雷泽著,徐新育、汪培基、张泽石译:《金枝》,北京:中国民间文艺出版社,1987年,第397页。

神农氏弗能征。于是轩辕乃习用干戈，以征不享。"也就是说，之所以出现"杀死神王"之后没有再现集所有神力于一身的神王，是因为这种信仰被外来的力量给打断了。原有的神王的后裔被迫分离，于是神力也就随着氏族的迁移而分散于不同的神王了。从今天全国关于神农炎帝信仰的传播来看，也的确呈现出这样的特点，除了高平羊头山神农炎帝的文化具有系统性和丰富性之外，其他地方的神农炎帝只表现了某一方面的神力，或发明五谷，或识别植物，或驱除瘟疫，或战胜邪魔。可以肯定的是，神农炎帝是中华民族最原始的信仰，是一个充满巫术和禁忌的、有着完整文明体系的信仰，这种信仰的真实存在，表明中华文明最早在神农炎帝时代就已经很成熟了。中华文明的起源要比这个时期更早，李伯谦先生提出的中华文明起源于公元8000年前说也是可信的。

第四节　羊头山周边民俗的人类学考察

考古学和气候学提到农业文明起源有几个硬性的条件，如位于狩猎采摘和农业文明的过渡区域，又有面向沟洫、平原可视性。在上古的地理环境中还要考虑海洋水位，沼泽与河流冲刷对农业的破坏。可以说在华北平原上，太行山南段的上党高地应当算天选之地了。从神话和历史学视角来看，农业文明进一步发展的标志是水井、锄耕，植物品种的多样性。这些都可以从今天羊头山为核心的古上党区域中找到相应的文化遗迹。历史文化积淀最终凝成了民俗，成为一个区域的认知符号，行为方式。在上党高地，神农炎帝就是羊头山周边区域的最深沉的文化记忆。明代朱载堉《乐律全书》说："羊头山在太行之北一百五十里，众山最高处。俯视太行，犹在下矣。《高平志》云：羊头山在县北四十里，危峰秀拔，势凌霄汉。日夕诸山俱暝，而此峰返照犹光。故俗传此山比天下名山高三尺。然非山高，地势高耳。秦并天下，置郡县。以此地极高，与天为党，故名上党郡。即今潞安府及泽州所属皆古上党郡地。"①侯文宜先生对此地神农炎帝传说有过认真的调查和分析，她将传说分为四种类型，即农耕先祖神传

①朱载堉：《乐律全书》，卷二十二。

说类型、初创文明之"帝"传说类型、血亲献身创业传说类型、民族英雄传说类型。她的结论是：当地炎帝传说具有史诗性、密集性、物证性的特点，很可能为原发地传说。这个结论，我觉得基本上是可信的。[①]所有的神话并非全都凭空而来，至少部分地奠基于某种族群、社会、区域的生活经验、理想目标以及文化记忆的根源。[②]

我们以地方志为中心重新梳理一下高平羊头山周边区域的神农氏相关的传说。

> 神农井，在长子县东南五十里羊头山小谷中。《太平寰宇记·上党记》云：神农庙西五十步，有石泉二所，一清一白，味甘美，呼为神农井。

> 祠庙。神农庙有二，一在长治县东百谷山，北齐时建。一在长子县北关熨斗台，金大定中建。岁三月十八日有司致祭。（《大清一统志·卷一百三·潞安府》）

> 祠庙。炎帝庙，在高平县北。《太平寰宇记》：在高平县北三十五里羊头山上。《通志》：庙有三，一在羊头山，曰上庙。一在换马镇东南，曰中庙，有神农遗塚。一在东关，曰下庙。近改祭于比。（《大清一统志·卷一百七·泽州府》）

[①]刘毓庆：《神农氏与太行山地区关系之考察》，《山西大学学报》（哲学社会科学版），2012年第3期，第57~72页。

[②]郭静云，郭立新：《神农神话源于何处的文化记忆?(上)》，《中国农史》，2020年第6期，第5~25页。

《魏书·地形志》:"长子县有羊头山。"司马彪《郡国志》:"羊头山上有神农城,下有神农泉。"《元和志》:"山在县东五十六里。"后汉安帝时羌寇河东,以任尚为御史击破之于羊头山,谓此也。"其山产秬黍。其南阴地黍白,其北阳地黍红。明嘉靖间取之以定乐律。"(《大清一统志·卷一百三·潞安府》)《大清一统志》记录了羊头山为核心的古上党区域神农氏相关的遗迹,沧海桑田,现已无迹可寻,但方志所录皆依史学、方志。

据侯文宜先生调查,关于神农炎帝碑刻,最早为北齐,唐、宋、明、清碑刻传承有序,民间口述史也比较丰富。加之旧石器时代晚期考古发现,应当证明是可信了。刘毓庆先生曾有言:"古史研究四重证据",一是经典文献,是核心;二是方志、碑刻,它们的撰写者是生活于民众之中的文人,又有民众口述,虽有附会,但可寻正史失载的地方性信仰;三是民俗、民间信仰与口述史,虽有变异,但其内核具有真实性;第四是考古发现,可以作为参照系。[1]相比之下,同样有关于神农炎帝遗迹与传说的湖北随州、湖南茶陵、陕西宝鸡则缺少了神农信仰的丰富性和系统性。

综合考察羊头山周边区域现存遗迹及方志记录,不难发现这是一条在相当长时间才能形成的农业发展的脉络,应当说是把农业发展不同阶段的标志性成果置于了同一地点。最早是尝五谷的传说,这是农耕文明的起点,从众多植物中识别可食用的物种是

---

① 刘毓庆,刘鳞龙:《陶寺遗址对接历史的可能性及其难题》,《晋阳学刊》,2009年第4期,第10~15页。

早期人类的重要发现。"尝五谷"是人类关于农业文明最早的记忆，应当是人类长期观察和实践的结果。从今天考古来看，早在公元前8000年的人类已经有采集植物种子的行为。公元前7000年，北京地区考古发现表明这一时期农业文明还没有形成。

从尝五谷到五谷的培育是人类农业文明质的飞跃。羊头山周边的传说把这件事情归功于一只鸟和神农。据说那时有一只周身通红的鸟，衔一株九穗谷飞过天空，谷粒坠落在地，炎帝捡起来种在五谷台边土地里，后来便长出高大肥硕的谷子。炎帝把谷粒分为五种，分别起名为稻、黍、稷、麦、菽。谷粒味美可口，天下人争相种之。神农培育农作物，最终是从鸟的嘴中获得的种子。这个故事描述了鸟和人类的密切关系，人类从长期观察鸟的采食活动中判断可食用的物种，也从鸟的口中获得了成熟的种子。如果记忆的链条可以延长，人类和鸟之间在五谷的种植过程中是相互共生的过程。因为五谷的种植，相关的鸟类得以繁衍生息。人类从中也捕获一些体型较大的鸟类驯养，就有了今天的家禽。

五谷的培育到大面积的种植，中间还有很多历程要探索。土地开发是关键的环节，旧石器时代耒耜的发明是这一时期的标志。而炎帝称烈山氏烧林以耕种，应当是在五谷驯育之后又一个很长时段的事件了，是开始大规模种植的开始。这一时期需要有几个重要的条件，一是有足够的种子，二是人口要足够多，三是人类有了更高级的耕作技术。在农业文明的早期，耒耜这样的工具更适宜在高山边缘的沟洫地区使用，土壤松软，肥力充足，且水源充沛。这是农业文明发展的第二个重要阶段。

第三个阶段便是大面积农耕的开始，人类开始定居，村落开始出现。《太平寰宇记》中写道："神农尝五谷之所，上有神农城，下有神农泉。"而在羊头山西山巅的神农城下60步有白、清二泉，左泉白，右泉清，泉侧有井，就是神农井，而在清、白二泉下30米处就是五谷畦了，又被称为井子坪。后魏《风土记》中记载："神农城在羊头山，其下有神农井，皆指此地也。地名井子坪，有田可种，相传神农氏得嘉谷于此，始教播种，谓之五谷畦。"羊头山下出现了神农城，而山下周边区域成为最早耕种的地方。定居给人带来了生存的便利，但对环境的要求也更高。神农尝水以辨别其毒性，是人类远古就有的经验。这在村落出现时期也很重要，水井的发掘成为村落选址的重要因素，羊头山下黑白两口神农井就是这样出现的。需要注意的是，农业文明的发展必然带来"社会的复杂化"，土地、种子、耕作技术使得社会系统内容各组成部分之间开始出现差异。

第四阶段就是社会阶层的出现与战争。首先大面积农耕出现，人面牛首，是人类借助于牛进行农耕的标志。这一阶段，人类开始摆脱狩猎的高山，从沟洫转向平原，烧山而谋田，当是人口达到一定程度，人类对土地的依赖推进人开发更多的地方。人口增加，村落的增加，人与人的交往进入新的阶段，阶层开始出现。神农日中而市，村落之间的商业交易出现，伴随而来的就是竞争、冲突、战争。这是人类文明进化从部落—酋帮—国家模式进化的过程。在部落内部开始逐渐出现"权贵"，身份明确的领导阶层开始形成了。战争的主要目的就是掠获土地和劳动力，权力和领土问题在社会政治中处于核心位置。神农炎帝作为最早的区域政体首领的形象开始固定下来，并且因为其在战争、土地、耕种技术方面的先进性，被赋予神秘和想象。在远古时期，神秘也是一种权力的支配方式。自然状态下的村落和更广大区域内的村落就形成了最早的联盟，这应当是羊头山最辉煌的时间了。

从公元前8000年到公元前7000年前后，旧石器时代中期，人类开始从狩猎、采摘生活中发现五谷。公元前7000年前后，由于小冰期的出现，农业文明被环境影响。直到公元前6000年前后，新石器中晚期，沟洫农业开始形成，定居村落开始出现。公元前5000年左右，从北纬35度线到东北的广大区域，农业品种增加，村落规模扩大，区域内开始形成初级的社会形态。到公元前4000年前后，中华大地上开始出现了最初的文明。把这样一条漫长的时间线归于一点，归于一人，是人类文明记忆最好的传承方式。也只有这样才能口口相传，才能为今天留下史前文明的线索。在人类历史的发展过程中，历史会出现叠压现象，长时段的内容会系于一人一时一地。随着时代的发展，特定的历史时期会重新唤起历史记忆，对这一时段进行丰富和描述，这就是顾颉刚所提到的"层累的中国古代历史"，越到后来，人们描述越是丰富。顾颉刚先生的论点基于经学时代历史学家的判断，其结论是正确的。在经学时代，史前历史的描述以价值判断为基础，为了突出经学致用、教化意义等当下性，从历史的叠压中虚构和丰富了历史的形象，这就是"圣人"描述。从叙事结构看，本身就是不可靠叙述。随着时代的变迁，"圣人"形象内涵、价值也出现了不确定性，这就使得史前历史需要借助更多细节进一步进行清晰的界定，这就是顾颉刚先生疑古的理由。"疑古"怀疑的是经学时代历史的重构方式，并不是否定史前历史的存在。在"重构"的史学之外，史前历史以"民俗""口述史"等形式存在。随着考古的发现，今天我们试图从叠压在一起的历史中分离出更清晰的线索，这就需要有科学的史前历史观。刘毓庆先生提出"打结理论"。他说："文字出现之前或文字记录功能还不健全的时代，历史主要靠口传的。'古'字从十从口，即取十口代代相传为古之意。但口传就不免会有丢失。对年代久远的历史、重大事件，在人们心灵留下深深印记的人或事，便可以永远的流传。而一些不十分重要的人物或事件，过上三五代便会淡忘。但作为历史，人们总喜欢它有连续性。于是就出现了以下一个著名人物或事件，去衔接上一个著名人物或事件的现象。"[1]历史的衔接从著名人物或事件中表达出来，更有意思的是著名人物或事件又表现为历史影像的集合与附着，表现为叠压之下的不同历史影像重合在一起，归属于一个人或一件事。历史的叠压是客观存在的历史现象，在公元前8000年到公元前4000年漫长的农业文明演变的历史阶段，很多推动了历史文明进程的发现、发明，只有在历史总结过程中才能呈现出来。刘毓庆先生的"打结理论"说就是对这一历史现象最恰当的总结，也让我们从历史的迷雾中走出来，在今天随着考古的发现，可以用四重证据法，更理性地还原过去的历史。

今天，"神农炎帝"形象随着各地历史开发，变得更清晰了。

---

[1] 刘毓庆：《陶寺遗址对接历史的可能性及其难题》，《晋阳学刊》，2009年第4期，第10~15页。

起源于"宝鸡"说，把炎黄归于兄弟，是伦理为基础的谱系化历史重构的结果。"茶陵"说归于"茶"的发现，应当是更晚的一段历史。最为接近的是"随州"说和高平"羊头山"说，但随州缺乏丰富性和系统性。烧山耕田和挖掘水井，是农业文明发展到更高阶段的描述。相比之下，高平羊头山则有着系统性的记忆，包括了神农中毒而亡，其后神农后妃、太子治理的系列记忆。这一文化记忆在今天的羊头山周边区域演变成为独特的神农炎帝信仰。

更有意思的是，在历史演变过程中，神农信仰经历了佛教、道教及民间信仰的包围，但仍顽强地传承了下来。和历史上被佛道同化了的、消失了的文化信仰相比较，和其他区域文化传承中阶段性出现的文化信仰相比较，神农信仰在高平羊头山周边地区的传承与流传，有着文化的原发生命力。

北齐、北魏、唐以来佛教文化曾经在羊头山一带广泛传播。从羊头山佛教石窟造像不难判断，佛教一度成为这一区域显赫的信仰。但有意思的是，尽管有后发的优势，佛教对神农炎帝文化仍保留了很深的敬畏。北齐天保二年（551）《羊头山□□寺□□碑》说："神农，圣灵所托，远瞩太行，旁接大□。□沁水之□，（缺）澎湃。若其山川秀丽，陵谷盘纡，穷五者之焕，炳极八表。（缺）祇□依稀鹫岳，精舍立趾，伽蓝有处，遂发有王之情□（缺）之□，凭林构宇，因岩考室，招集名僧。妙聪永侍，恩心惮诵。"这通碑文在言说佛教徒修寺弘法之前，先言神农圣灵所托，敬畏之中，又有融合神农文化宏大叙事的企图，这在各地佛教寺庙中是很少见到的。到了唐朝，出现了佛教寺庙与神农信仰庙宇并兴的现象。今存唐天授二年（691）《泽州高平县羊头山清化寺碑》则大赞神农功业，"此山炎帝之所居也，昔者摄提纪岁之后，燧人化火之前，穴处巢居，茹毛饮血。爰逮炎皇御宇，道济含灵……寻求旨味，以替膻腥。遍陟群山，备尝庶草。届斯一所，获五谷焉。记此灵奇，显其神异，石类羊首，遂立为名。于是创制耒耜，始兴稼穑；调药石之温毒，除瘵延龄；取黍稷之甘馨，充需济众。人钦圣德，号曰神农。……譬鹫岭之灵宫，犹鹿苑之佳地。播生嘉谷，柱出兹山矣。"列举神农氏之功业，只字不言佛教教义，佛门显圣之语。清化寺创建于唐代，元明均有重修。明代正德三年（1508）《羊头山□□□塔院记》便将佛教与神农圣灵同化了，但无论如何不敢有任何遮蔽之意。"夫此坟者，前代□焉。坟之东倚秦高之岭，西连羊头之巅，北靠天台，南枕清化，皆我佛无凡之地。万神永护，诸佛扶持，得摄羊山，同成佛果。"这通碑是安葬佛弟子而写，记录了寺庙传承中高僧及众弟子，然居于羊头山，佛教信仰不得不对神农炎帝文化信仰表现出敬畏。

虽然历史演变，层层叠压的文化中消逝了太多的内容，但作为农业文明起源的神农信仰坚定地生长在这块土地上。这里面有很多因素，本地居民生生不息的民俗信仰是一方面，而基于原有生态下生成的农业起源的文化在农业社会中的核心地位应当是更重要的因素。这是起源地之外的区域难以生成的，这也是综合考察羊头山神农信仰表现出系统性和丰富性的原因。

第五节　"荼"——神农炎帝氏族的植物图腾

神农炎帝作为神王并不能简单地就被杀死，在面对植物邪恶的状态时，神农炎帝"日中七十二毒，得荼而解之"。也就是说，在高平羊头山的传说中还有一个有助于神王恢复的神奇植物"荼"。在世界各地的民间故事中也有相类似的描述，人的生命有时与草木联系在一起，草木枯萎了，人的生命也因之凋零。尼日利亚的卡拉巴尔旧镇的酋长把自己的灵魂藏在某泉水附近的圣林中。斐济岛上有些地方把婴儿的生命同树的生命密切联系在一起。弗雷泽认为："在这种理论基础上，凡发现实行图腾制的地方，以及假装杀死接受成年礼又使之复活的地方，都可能存在或曾经存在不仅是将灵魂永恒地寄藏于体外某物——动物、植物或其他中的信念。"[1]这个理论基础是基于氏族部落图腾来说的，在世界各地的信仰崇拜中证明是可信的。以此推论，有理由认为神农炎帝在尝五谷之前就开始识别植物，而这个部落的图腾就是"荼"，一种可以帮助神农炎帝恢复神力的植物。"日遇七十二毒"，尽管非实写，但也可见危险和邪恶。"荼"却可以让神农炎

---

[1]［英］詹·乔·弗雷泽著，徐新育、汪培基、张泽石译：《金枝》，北京：中国民间文艺出版社，1987年，第989页。

帝获得新生。相比于神农牛首人身，以牛为神农氏的图腾而言，"茶"应该是这个部落早期的图腾。"牛"为图腾是到了农业发达时期，人们借助动物提升耕作效率。或者面对"有熊氏"的战争，失败之后的神农炎帝部落的人们以"牛"为图腾也是一个可以理解的理由。

《风俗通》："上古之时有神茶、郁垒昆弟二人，性能执鬼。"蔡邕《独断》："十二月岁竟，乃画茶、垒，并悬苇索以御凶。"一直到汉代，仍然还有将"茶"转化为神之后的信仰风俗，似乎可以间接证明这个理由的存在。今天的人们在春节时还会在孩子身上装上"桃符"以辟邪，亦有类似的文化心态。

"荼"《说文解字》："苦荼也。从艸余声。"《诗经·谷风》："谁谓荼苦，其甘如荠。"《传》："荼，苦菜也。"《诗经·绵》："周原膴膴，堇荼如饴。"《尔雅·释草》："荼，苦菜。"《疏》："一名荼草，一名选，一名游冬。叶似苦苣而细，断之白汁，花黄似菊。"又《尚书·汤诰》："弗忍荼毒。"《传》："荼毒，苦也。"《尔雅·释木》："槚，苦荼。""注：树小如栀子，冬生，叶可作羹饮。"《野客丛书》："世谓古之荼即今之茶，不知荼有数种，惟槚之荼即今之茶也。详荼字注。"

我们今天一般认为"荼"即苦菜，《毛诗草木鸟兽虫鱼疏》："荼，苦菜。生山田及泽中，得霜甜脆而美，所谓堇荼如饴。《内则》云：濡豚包苦，用苦菜是也。"[1]《神农本草经》云："苦菜，味苦，寒，无毒。主五脏邪气，厌（伏也）谷，胃痹，肠澼，渴

---

① 陆玑：《毛诗草木鸟兽虫鱼疏》卷上。

热中疾，恶疮。久服，安心，益气，聪察，少卧，轻身，耐老，耐饥寒，高气不老。"①《本草纲目》："苦菜，《释名》'荼'，苦苣、苦荬、游冬、褊苣、老鹳菜、天香菜。（时珍曰：苦荼，以味名也。经历冬春，故曰游冬。许氏《说文》'苣作蕒'。吴人呼为苦荬，其义未详。《嘉祐本草》言'岭南吴人植苣供馔'"李时珍集解说："《别录》曰'苦菜生益州川谷、山陵、道旁。凌冬不死。三月三日采，阴干。《桐君药录》曰'苦菜三月生，扶疏。六月花从叶出；茎直花黄。八月实黑，实落根复生，冬不枯。恭曰《尔雅》云：荼，苦菜也。《易通卦验玄图》云：苦菜生于寒秋，经冬历春，得夏乃成。一名游冬。叶似苦苣而细，断之有白汁，花黄似蒿，所在有之。其说与《桐君》略同。苦荼俗亦名苦菜，非此荼也。保升曰：春花夏实，至秋复生。花而不实，经冬不凋。宗奭曰：此月令四月小满节后苦菜秀者也。四方皆有，在北道者则冬方凋，生南方者冬夏常青。叶如苦苣而狭，绿色差淡。折之白乳汁出，味苦。花似野菊，春夏秋皆旋开。时珍曰：苦菜即苦荬也，家栽者呼为苦苣，实一物也。春初生苗，有赤茎、白茎二种。其茎中空而脆，折之有白汁。胼叶似花萝卜菜叶而色绿带碧，上叶抱茎，梢叶似鹳嘴，每叶分叉，撺挺如穿叶状，开黄花，如初绽野菊，一花结子一丛，如茼同蒿子及鹤虱子，花罢则收敛，子上有白毛茸茸，随风飘扬，落处即生。"②

　　我们大致可以从中捕捉到这样几个有用信息：一是荼具有极

————————

① 缪希雍著，李枝参订：《神农本草经疏》卷二十七。
② 李时珍：《本草纲目》卷二十七。

强的适应性。气候对其影响似乎不大。不论北方还是南方，不论春夏还是秋冬，均宜其生长。耐旱，耐湿，忌涝，道旁田野、水边湿地均宜生长。二是具有极高的食用和药用价值，可以久服。三是一般都在三月采摘，阴干备食。《礼记·月令》以"苦菜秀"记四月节令，有"小满之日苦菜秀"之说。这类植物应当是人类在狩猎与采集时期就会关注到的植物，即使是农耕文化定居时期，也是谷物不足的很好补充。《周礼·地官司徒第二·掌葛槁人》云："掌荼掌以时聚荼，以共丧事。征野疏材之物，以待邦事，凡畜聚之物。"在今天的高平羊头山周边，农民仍有春天采食苦菜的习俗。因为易发现、易采摘、易储存，又可食、可药，在神农炎帝农业部落中被视为是恢复神农炎帝神力、战胜邪魔的植物，进而成为一个部落的图腾，是可以和现存的信仰传说相互解释的。

《诗经·绵》有"周原膴膴，堇荼如饴。"《毛诗李黄集解》说："苦菜，甘乃如饴，已见周原之美也。贾山曰：地之硗者，虽有善种，不能生焉；江皋河濒，虽有恶种，无不猥大。盖非其地，则虽橘之甘，亦将化之为枳。得其地，虽荼之苦，其将化之如饴，惟其如此，故大王始与其民居之。"借"荼"之生长与周原之上，描述周原之美，虽为比拟，但喻体指向却与"荼"与神农氏关联意义相类。就"荼"本身的形态特征而言，荼属菊科，高50~100厘米，茎直立，中空，叶互生；长椭圆状，广披针形，长15~28厘米，宽3~6厘米，羽裂或提琴状羽裂，边缘具不整齐的刺状尖齿；基部叶有短柄，茎上叶无柄、呈耳廓状抱茎。如果用抽象的笔法勾勒其形与"炎"字相类，《说文解字》中 �、𤑶二字形也近似。商代农政书《夏小政》说"荼，蘿苇之秀，为蒋褚之也。蘿未秀为菼，苇未秀为芦。斗柄县在下则旦。"此说言说荼为芦苇，荼未秀之前为菼，荼、菼同类而异名。

　　少数民族原始先民中以"茶"为图腾，或可佐证从狩猎、采摘到农业文明的过渡时期，以植物为图腾的观点。云南省德宏地区德昂族的古歌《达古达楞格莱标》（意思是"始祖的传说"）就叙述，当大地还是混沌时，天上102个茶叶兄弟姐妹下凡赶走黑暗，驱退洪水，结成夫妻，才有了人类。湖南西部的土家族敬奉女始祖"苡禾娘娘"，传说苡禾娘娘上山采茶，食茶而孕，3年6个月后生下8个兄弟，见风而长，成为土家族的氏族祖神。这说明土家族始祖长期食用茶叶，将之作为本民族的图腾。茶图腾属于植物图腾，最早产生的年代有可能是旧石期时代早、中期。当时人们因为经常厃最简单的方法撷取茶树芽叶作为充饥的食物，从而产生了崇拜心理，将之视为本氏族的图腾。[1]陈文华考察了少数民族中还留存的文化记忆得出的结论是可信的。与此相类，在狩猎采摘时期，"茶"作为神农氏早期的氏族图腾，从人类文化学的视角是成立的。随着农业生产力的提高，茶在人们生活中地位的下降，神农炎帝原始部落被分散各地，开始寻找新的图腾来表达自己部落的神力。"茶"图腾也就消失了。朱大可先生认为，（炎帝）从火的守护者，进而成为农耕者的守护神，并非同一神祇，但炎帝是东亚农耕价值的主要引领者，是毫无疑问

---

①陈文华：《中国茶文化》，北京：中国农业出版社，2006年。

的。①我虽然不同意朱大可先生把烈山氏置于炎帝之前的顺序，但结论却是一致的。

---

①朱大可:《华夏上古神系》,北京:东方出版社,2014年。

第六节　从"荼"到"茶"的文化研究

《茶经》是我国也是世界上第一部茶学专著。从唐朝中期开始就指导着我国广大茶区的生产实践，推动了饮茶风气的广泛传播，而且对世界茶叶产销也有较深远的影响。陆羽分析归纳了前人关于茶的知识，总结了当时劳动人民在茶叶生产及饮用方面的经验，以严谨的科学态度，生动形象地叙述了茶树的起源、种类、特性、产地、品质、历史、茶具以及茶的加工技术和饮用方法。《茶经》分上、中、下三卷，共10节，7000字左右。其中"茶之事"记述了自神农至唐代有关茶叶的故事，茶叶的产地，嗜好饮茶的名人趣事、传说，搜集了中唐以前与茶有关的历史资料，这些资料描述了"荼"被发现到普遍饮用的全过程，是"茶"文化简史。

我们可以从《茶经》中找到从荼到茶演变的过程。

陆羽《茶经》载："茶之为饮，发乎神农氏，闻于鲁周公。"其解释说：《神农·食经》："茶茗久服，令人有力，悦志。"考《神农本草》有"苦菜"列为菜部上品。其文云："味苦寒。主五脏邪气，厌谷，胃痹。久服，安心益气，聪察少卧，轻身耐老。一名荼草，一名选。生川谷。"注疏曰：《名医》曰：一名游冬，生益州山陵道旁，凌冬不死，三月三日采，阴干。案《说文》云：荼，苦菜也。《广雅》云：游冬，苦菜也。《尔雅》云：荼，苦菜，又槚，苦荼。陶弘景云：此即是今茗，茗一名荼又令人不眠，亦凌冬不凋而兼其止，生益州，《唐本》注驳之非矣，选与荈，音相近。

不难看出，陆羽所说的"发乎神农"的就是"苦荼"。从今天的文献来看，"荼"为东汉之前所有"苦菜"的统称。宋人王楙《野客丛书》说："世谓古之荼即今之茶，不知荼有数种……惟荼槚之荼即今之茶也。详荼字注。"此论最切近事实。陆羽说周公《尔雅》："槚，苦荼。"即认为周公所著《尔雅》最早发现茶，并使之得以推广。与此义正同。考《尔雅注疏》，从槚到茶也经历了很长的时间。《尔雅》"槚，苦荼"。晋代郭璞（276—324）《尔雅注》云："树小如栀子，冬生叶，可煮作羹饮。今呼早采者为荼，晚取者为茗。一名荈，蜀人名之苦荼。"曹魏实博士张揖《埤苍》说："槚作檟（左木右荼）"，张揖以此来与茶进行区别。说明至曹魏时期，茶饮仍为荼草之类。

这里有一个需要解释的问题，"荼"和"茶"到底是怎样的一种关系。从今天呈现的结果来看，"荼"为草本植物，"茶"为木本植物。"荼"生长范围比较大，种类较多；"茶"野生品种多生长在长江以南各省山区。陆羽《茶经》中"发乎神农"的依据到底是怎样的。

从语言学的视角来看，"茶"为"荼"的省写，是唐朝茶饮流行的产物。李福言从语言学的视角对两者关系进行了系统的梳理，他认为："荼"字有8种异读，声母体现为定、书、以、澄、船、邪诸母之别，韵母体现为鱼、模、麻诸韵之别。以"余"为声符的字表现出的声母中古音分布与"荼"字异读表现出的中古声母读音分布比较一致。

关于"荼"的厉史文献收集，前文所论详矣。这里我们从字义演变视角来看考察一下。先秦时代人们所说的"荼"有三种指向：一是泛指苦菜，《诗经·七月》载："七月食瓜，八月断壶。九月叔苴，采荼薪樗，食我农夫。"二是被称菊科类与苦菜同科的植物，人称为"荼，茅秀，物之轻者，飞行无常。"《诗经·国风·郑风·出其东门》有："出其东门，有女如云。虽则如云，匪我思存。缟衣綦巾，聊乐我员。出其闉阇，有女如荼。虽则如荼，匪我思且。缟衣茹藘，聊可与娱。"三是槚，《尔雅·释木第十四》"槚，苦荼。"而在"荼"与"茶"之间，从先秦至唐应当有很多形态，故陆羽《茶经》说："其字，或从草，或从木，或草木并。其名，一曰茶，二曰槚，三曰蔎，四曰茗，五曰荈。"

郑《笺》："乾荼之菜，恶木之薪，亦所以助男养农夫之具。"孔《疏》："荼以为菜，樗以为薪，各从所宜而立文耳。"郑玄把"荼"解释为"菜"，这个和我们前边分析是一致的，荼草因其采摘的便利，是早期人类的重要食物来源。《周礼·月令》"仲秋务蓄菜"也，就是到了秋季要把吃不完的荼菜做成可以储存的干菜。而上面所说的"荼"的多种形态都是"菜"的重要来源。《晏子春秋》："婴相齐景公时，食脱粟之饭，炙三弋、五卵，茗菜而已。"《吴志·韦曜传》："孙皓每飨宴，坐席无不悉以七胜为限，虽不尽入口，皆浇灌取尽。曜饮酒不过二升，皓初礼异，密赐荼荈以代酒。"《方言》："蜀西南人谓荼曰蔎。"一直至东汉末年，茶是食用的蔬菜。汉司马相如《凡将篇》云"蓬菌、荈诧"，王褒《僮约》云"包鳖烹荼""武都买荼"，《三国志·吴志·韦曜传》云"密赐荼荈以代酒"等，其中的"荈""荼"就是指茶，《艺文类聚》引《韦曜传》将"荼荈"改为"荼茗"，实指苦菜。晋人杜育《荈赋》"厥生荈草……月惟初秋……是采是求"，"荈草"亦指苦菜，否则不应言"草"。王褒《僮约》"烹荼"旧注，亦以"荼"为"苦菜"。

从"荼"的保存形式来看有两种，直接食用和干菜储食。史料记载更多的是干菜的食用方式。其烹饪的主要方式有煮、烹，而食用内容就包括吃和饮了。也就是说，在西晋之前，人们以"荼"为饮的形式是存在的，但这种饮用方式通常是被看成粗劣的。但人们在饮用的过程中发现了这种苦味的荼草有着特别的作用，秦汉时期托名神农的《神农本草》记载："苦菜，味苦，寒。无毒，主五脏邪气，厌谷，胃痹。久服，安心益气，聪察少卧，轻身耐老，耐饥寒。一名荼草，一名选。生益州川谷。"[1]虽是托名，但其对"荼"的食用价值与药用价值的描述转变了人们对这种饮品的看法。随着农业文明的发展，食物资源的开拓，人们放弃了干储"荼"草的方式，而以"荼"为饮的方式被另外具有苦味的"茶"树所替代了。

当然，人类早期在有限的食物资源面前采取了多种方式，而采集的便利性是最主要的特征。当北方或更广大地区在采集"荼"草时，四川、江南等更多山区的人们采用同样的方式采集

---

[1]尚志钧辑校:《神农本草经》,北京:学苑出版社,2014年。

"槚"叶来储存，煮而为饮品。《广雅》云："荆巴间采叶作饼，叶老者饼成，以米膏出之。欲煮茗饮，先炙，令赤色，捣末置瓷器中，以汤浇覆之，用葱、姜、橘子芼之。其饮醒酒，令人不眠。"这一条记载与张揖的《埤苍》所录有相类的意义，茶虽有别于苦荼，但其制作方式、食用方式却是从"荼"延续过来的。槚和荼一样，曾经作为食用的菜存在，而且其特性也相近，荼令人"聪察少卧"，槚"令人不眠"。而人们将这种带有苦味的两种不同植物都称之为"荼"就没有什么奇怪的了。

从当下的历史文献来看，一直到晋代，中国人以"荼"为饮品的生活方式尚不流行。《晋中兴书》中记"陆纳以茶果待谢安"。《晋书》"桓温节俭，以茶果宴饮"。说明晋代饮茶仍是俭朴生活的方式。虽然如此，也有人嗜茶如命，《搜神记》所记夏侯恺，《神异记》所说余姚人虞洪，刘琨所说"常仰真茶"，应当就是对这一情形的描述。这一时期，华佗《食论》："苦荼久食，益意思。"壶居士《食忌》："苦荼久食，羽化。与韭同食，令人体重。"这些描述"荼""茶"并称，两种饮用形式并存，只是区域不同而已。

茶饮的真正流行，应当始于西晋，《世说》："任瞻，字育长，少时有令名，自过江失志。既下饮，问人云：'此为茶？为茗？'觉人有怪色，乃自分明云：'向问饮为热为冷？'"晋人南渡，玄学药石流行，茶可以使人"益意思"的品性，也自然受到人们的追捧。于是这一时期关于"茶"的一些传说开始流行。

　　《续搜神记》："晋武帝时，宣城人秦精，常入武昌山采茗，遇一毛人，长丈余，引精至山下，示以丛茗而去。俄而复还，乃探怀中橘以遗精。精怖，负茗而归。"

《晋四王起事》："惠帝蒙尘还洛阳，黄门以瓦盂盛茶上至尊。"

《异苑》："剡县陈务妻，少与二子寡居，好饮茶茗。以宅中有古冢，每饮辄先祀之。二子患之曰：'古冢何知？徒以劳意！'欲掘去之，母苦禁而止。其夜，梦一人云：'吾止此冢三百余年，卿二子恒欲见毁，赖相保护，又享吾佳茗，虽潜壤朽骨，岂忘翳桑之报！'及晓，于庭中获钱十万，似久埋者，但贯新耳。母告二子，惭之，从是祷馈愈甚。"

《广陵耆老传》："晋元帝时，有老姥每旦独提一器茗，往市鬻之。市人竞买，自旦至夕，其器不减。所得钱散路旁孤贫乞人。人或异之。州法曹絷之狱中。至夜，老姥执所鬻茗器，从狱牖中飞出。"

《艺术传》："敦煌人单道开，不畏寒暑，常服小石子，所服药有松、桂、蜜之气，所饮茶苏而已。"

释道说《续名僧传》："宋释法瑶，姓杨氏，河东人。元嘉中过江，遇沈台真君武康小山寺，年垂悬车，饭所饮茶。大明中，敕吴兴礼致上京，年七十九。"

这些传奇皆突出茶的神异，与当时流行药石相当。这些故事推进了饮茶习俗的传播，使得越来越多的人开始关注饮茶。南齐世祖武皇帝《遗诏》："我灵座上，慎勿以牲为祭，但设饼果、茶饮、干饭、酒脯而已。"梁刘孝绰《谢晋安王饷米等启》："传诏李孟孙宣教旨，垂赐米、酒、瓜、笋、菹、脯、酢、茗八种。气苾新城，味芳云松。江潭抽节，迈昌荇之珍。疆场擢翘，越葺精之美。羞非纯束野麏，裛似雪之鲈；鲊异陶瓶河鲤，操如琼之粲。茗同食粲，酢类望柑。免千里宿舂，省三月粮聚。小人怀惠，大懿难忘。"陶弘景《杂录》："苦茶，轻身换骨，昔丹丘子、黄山君服之。"《后魏录》："琅琊王肃，仕南朝，好茗饮、莼羹。及还北地，又好羊肉、酪浆。人或问之：'茗何如酪？'肃曰：'茗不堪与酪为奴。'"

至后魏之后，饮茶开始成为流行的风俗。这一点可以从北魏时期，南朝宋至梁时期，中国杰出农学家贾思勰《齐民要术》中得到佐证。书中明确把"茶"与"荼"分类论述：

茶，《尔雅》曰：茶，苦菜，可食。《诗义疏》曰：山田苦菜甜。所谓堇荼如饴。

荼，《尔雅》曰：槚，苦荼。郭璞注云：树小似栀子，冬生叶，可煮羹饮。今呼早取为荼，晚取为茗，或一曰荈。蜀人名之苦荼。《博物志》曰：饮真荼，令人少眠。《荆州土地记》曰：浮陵荼最好。

第七节　北魏羊头山神农祭祀的兴起

高平羊头山是上党区域的重要文化地标。"俗传此山比天下名山高三尺，然非山高，地势高耳。秦并天下，置郡县，以此地极高，与天为党，故名上党郡，即今潞安府及泽州所属，皆古上党郡地。"①关于神农祭祀与羊头山的关系，明朱载堉撰《乐律全书》记录说："按神农冢天下有二焉：其一在湖广衡州府酃县，载于祀典，每三岁遣官祭。其一即此冢，元成宗大德九年，亦尝遣祭。禁樵采。然南北二冢相去三千里，世代久远，是否真伪，莫知其详。今此坟侧有神农庙，有司岁时致祭焉。又按诸志：凡羊头山以形命名，随处有之。在冀州之域者有三：其一，即此山；其二，在汾州西北十五里，见《一统志》；其三，在古谷远县，沁水所出。见《汉书》及《水经注》，今沁源县绵山是也。神农尝谷之所，亦有三焉。其一，即此处；其二，在潞安府东北十三里百谷山；其三，在隰州东四十五里合桑村，有古谷城、古谷台是也。若夫神农庙宇，在处尤多、兹不足记。盖皆乡民积年私建，谓之行祠云。"

据此可知，明代神农祭祀主要集中在两个地方：一是高平羊

---

① 朱载堉：《乐律全书》。

头山，一是衡州府酃县。高平炎帝陵的具体修建年代，因"造基太古，无文考验"。南宋罗泌《路史》记载："神农氏十七世有天下，轩辕氏兴，受炎帝参卢禅，封参卢于潞，守其先茔，以奉神农之祀。"说明高平有炎帝陵冢是很早的。从至今院内留有一棵周长为6.5米的柏树根，有学者推测，距今至少已有上千年的历史。北宋《太平寰宇记》载："羊头山东南相传为炎帝陵，石甃尚存。"说明炎帝陵冢在北宋或其以前已成规模。经对正殿一柱础考证，为唐代之物。说明在唐代或其以前已有了庙宇。元大德九年（1305）朝廷曾遣官祭祀，并下诏禁采樵。虽庙宇颓败，但因陵冢尚存，官府仍每年派员祭祀。明成化年间（1465—1487）《山西通志》卷五载：高平炎帝庙在"县北三十五里故关羊头山，元初徙建山下坟侧。"元初又对原庙宇进行了扩修。明嘉靖年间（1522—1566）《续修炎帝后妃像增制暖宫记》记载："炎帝神农氏陵庙，历代相传，载在祀典，其形势嵯峨，林木深阻久矣，吾邑封内之胜迹。"以此可知，当时陵庙规模之宏大。明末，朱载堉在《羊头山新记》里说："羊头山之东南八里曰故关村，村之东二里曰换马镇，镇东南一里许有古冢，垣址东西广六十步，南北袤百步，松柏茂密，相传为炎帝陵，有石栏、石柱存焉。"炎帝陵庙经过一百多年的风雨，已仅剩"垣址"。清乾隆四年（1739），炎帝陵庙又进行了一次修缮。清道光年间又补修一次。陵庙东西100米，南北约170米，占地1.7万平方米。其格局分成上下两院，后为炎帝陵墓，四周有围墙。在中轴线上分列有舞台、献台、甬道、正殿、拜亭、钟楼等建筑。[1]

一、对炎帝祭祀最早缘起于高平和长子交界的羊头山

民间对于神农祭祀要早于宋代。《寰宇志》云："神农尝五谷之所，上有神农城，下有神农泉。"《后魏风土记》云："神农城在羊头山，其下有神农泉。"皆指此也。[2]广义之风土记实为方隅杂记之总名，既区别于各类专志又包含之。王庸《中国地理学史》认为"风土记体制与异物志大致相似，而兼述山川风俗古迹，故其内容较宽，并已具地志之规模"[3]。风土记依托方物、风俗等内容重心，在"言不满万，体兼数家"的随笔形态下纵横古今，考订名物，确立民间本位。《后魏风土记》《隋书·经籍志》不录。但录《大魏诸州记二十卷》。《新唐书·艺文志》录《后魏诸州记二十卷》。今学界认为《后魏风土记》又作《魏诸州记》《后魏诸州记》等，作者不详，二十一卷（一作二十卷）。为北魏全国总志。原书已佚。《水经注》《初学记》《元和郡县志》《太平御览》《太平寰宇记》等皆有引文，清王谟《汉唐地理书钞》有辑本。

综合考察史志中神农祭祀的记载：

现存山西省黎城县隋开皇五年（585）的《宝泰寺浮图碑》有："秦将定燕卒之乡，炎帝获嘉禾之地。"唐代则在高平设神农

---

①陕西省地方志编纂委员会编:《炎帝志》,西安:三秦出版社,2009年。
②(明)朱载堉:《乐律全书》。
③王庸:《中国地理学史》,北京:商务印书馆,1984年。

乡神农里，现存高平唐天祐七年（910）《唐故毕府君夫人赵氏墓志铭并序》中有"先在祖农乡神农里团池店南一达之东"，以上古圣贤为地名，可见其对神农祭祀已经获得了官方和民间的普遍认可。

《大明一统志》有五条：

神农庙，在陕州东南祀炎帝神农氏。

神农庙，在信阳州西北四十里。

（随州）神农庙，在府治北，祀炎帝神农氏。《旧志》：景陵有古帝王之祀二，盖谓羲、农祠庙。神农庙在厉山。《九域志》：厉山，炎帝所生处。

神农井，在羊头山。《后魏风土记》：神农井在羊头山，即神农得佳谷处。

《大清一统志》有二十条：

神农庙有二：一在长治县东百谷山，北齐时建。一在长子县北关熨斗台，金大定中建。岁三月十八日有司致祭。

神农庙，在修武县东南经理村，有五谷台遗址。

（陕州）神农庙，在州城东，唐天宝元年建。

（安陆府）神农庙，在天门县东北五华山。

神农庙，在随州北厉山。《寰宇记》：厉山穴口石上有神农庙。《吴山神农庙记》，《钱塘县志》：虞淳熙撰。①

（沔阳州）神农庙，在州治北。

（茶陵）神农庙，在县五华山临津门。②

（信阳）神农庙，在信阳州西北四十里。③

（陕州）神农庙，在州东南大阳社，唐天宝元年建，明洪武年间修。④

（巨野县）神农庙，在县东南五十里金山之巅。⑤

（安邑县）古焦水在县东北五里，有神农庙。相传武王封神农之后于焦，即此。⑥

古焦国，《左传宣公二年》："秦伯伐晋以报崇也，遂围焦。"杜预注：焦，晋河外邑东北五里。《地理志》："武王克商封神农之后于焦，以焦水得名。今有神农庙。"《一统志》："故城在河南府陕州东北三十里。"⑦

（长子县）熨斗台在县北，世传丹朱筑，形似熨斗，上有神农庙。⑧神农庙在长子县北二百步熨斗台上，今名北高庙，金大定四年建，明天顺三年（1459）重修。

---

①《浙江通志》，卷二百五十五。
②《湖广通志》，卷二十五。
③《河南通志》，卷四十八。
④《山东通志》，卷二十一。
⑤《河南通志》，卷四十八。
⑥《山西通志》，卷二十七。
⑦《山西通志》，卷六十。
⑧《山西通志》卷五十八。

（长治县）神农庙在东北十里百谷山。世谓神农尝百草于此。一云神农至百谷山得五谷，后人因立庙祀焉。庙像甚古，北齐时宣建，明洪武四年重修，王基撰记。

王基《重修神农庙碑记》："绝顶之半，廓以石洞，俯瞰城郭，世传帝尝百谷于兹。"百谷泉在百谷山神农庙前，砥石涌泉，寺僧引为伏流注为塘，由蟎口飞下大壑，味甘，虽旱不涸，一名神农井。《上党记》炎帝庙西五十步石泉二所，一清一白，味甘美，呼为神农井。①

（壶关）神农庙今废，梅之尹有诗。
（应州）神农庙在东龙首山，旧传唐神医李愈建。②
（高平县）神农庙三：一在羊头山曰上庙，为神农尝五谷处。一在换马镇东南曰中庙，有神遗冢，有司春秋致祭。一在东关曰下庙　近改祭于此。③

（隰州）神农庙，《旧志》在州北合桑村，六月六日祀。④
地方志所录民间祭祀神农的区域，明清时期主要集中在以羊头山为核心的古上党区域。此外所录最多为周武王分封神农氏后

①《山西通志》，卷十九。
②《山西通志》，卷一百六十五。
③《山西通志》，卷一百六十六。
④《山西通志》，卷一百六十七。

裔于焦国，焦国已不可考，明清以为陕州，此处祭祀与高平羊头山不同。何光岳认为，姜姓焦国被迫东迁，西周时在今河南中牟，东周初时迫于郑国而迁豫东商水县，再迁今安徽亳州。周武王封神农之后于此建立姜姓焦国，修筑焦城（今亳州）。[①]山西安邑、应州，河南信阳，山东巨野民间偶有祭祀，当与焦国迁移有关。随州，称炎帝所生处，与神农不同，汉代神农与炎帝合称为神农炎帝。对比来看，无论是从时间还是空间上而言，神农祭祀集中的区域和最早确立的时间都指向高平羊头山为核心的古上党区域。从时间来考察，《后魏风土记》记载羊头山为神农得佳谷处，为最早明确为神农遗迹记载。《后魏风土记》又称《大魏风土记》现已亡佚，顾炎武《肇域志·长子县》引此条。同时《肇域志·高平》"羊头山在县北四十里，上有石状如羊头，神农尝五谷于此。[②]"高平羊头山为核心的古上党区域，对神农信仰祭祀最为殷切。

二、宋代开始的酃县（茶陵）官方祭祀

清同治《衡阳县志》载："炎帝神农氏陵寝在焉。"酃县，汉高祖五年置，《水经注》云："（耒水）又北过酃县东，县有酃湖，湖中有洲，洲上民居，彼人资以给酿，酒甚醇美，谓之酃酒，岁常贡之。湖边尚有酃县故治，西北去临承县十五里。"《酃县志》说：炎帝神农氏陵，在县西三十里。《史记》帝崩长沙之

---

①钟泰、宗能征：《亳州志》，黄山书社，光绪二十年。
②（清）顾炎武：《肇域志》，续修四库全书，第590册，第484页。

茶乡（即邑西康荣乡）。宋罗泌《路史》云：炎帝崩葬长沙茶乡之尾，是曰茶陵。所谓天子墓者。有宋太祖梦感见帝，于是，驰节忱求得诸南方。《图经》云：炎陵今在麻（疑鹿）陂林子（疑木）茂密，数里不可入。石麟石土，两杉苍然，逾四十围。《衡湘稽古》云：宋割茶陵地为酃县，隶衡州府，故今酃县康乐乡有炎陵。《旧志》云：云秋拱峙，洣水环流，结构周严，气开朗形，家谓其脉络发于粤东之南，华延袤，盖千里云。《旧志》按炎陵自宋太祖访求以来诏禁樵采，置守陵五户，并近陵小户除一税外免杂徭。开宝四年诏置守陵七户。景德元年又诏禁樵采……明洪武三年……设陵户二人守视……乾隆二年奉旨设置守陵户四名。[1]

酃县神农祭祀最早起于宋太祖时期，其后各朝代有诏旨。《五礼通考》记载宋真宗四年修葺神农庙事迹。"祀先代帝王"中关于神农祭祀如下："《文献通考》四年，祀汾阴，驻跸河中府。遣官致祭，缘路帝王祠庙，神帐画壁并加葺，诏令衡州葺神农庙。"[2]

明代《礼部志稿》说："自唐以来，皆祭于陵寝。唐玄宗尝立三皇五帝庙于京师。至元成宗时，乃立三皇庙于府州县，春秋通祀，而以医药主之，甚非礼也。帝曰：三皇继天立极，开万世教化之源，而汩于医师，其可乎？自今命天下郡县毋得亵祀，止用有司祭于陵寝。礼部复议：三皇、五帝、三王，汉以下创业之

---

①《酃县志》，同治十二年刻本，卷四，第11,13页。

②（清）秦蕙田：《五礼通考》，卷一百十六。

英主，守成之贤君，岁时俱宜一体祭于陵寝。上曰：古先圣帝贤王，以及历代帝王，曾主中原安人民者，皆春秋祭祀。偏方之君，虽贤不祭。主中原而昏愚者亦不祭。于是礼部复定议，合祀帝王三十五，在河南者十：陈州祀伏羲、商高宗，孟津县祀汉光武，洛阳县祀汉明帝、章帝，郑州祀周世宗，巩县祀宋太祖、太宗、真宗、仁宗。在山西者一，荣河祀商汤。在山东者二：东平州祀唐尧，曲阜县祀少昊。在北平者三：内黄县祀商中宗，滑州祀颛顼、高辛。在湖广者二：酃县祀神农，宁远县祀虞舜。在浙江者二：會稽县祀夏禹，宋孝宗。在陕西者十五：中部县祀黄帝，咸阳县祀周文王、武王、成王、康王、宣王，汉高帝、文帝、景帝，兴平县祀汉武帝，长安县祀汉宣帝，三原县祀唐高祖，醴泉县祀唐太宗，蒲城县祀唐宪宗，泾阳县祀唐宣宗，岁用仲春、仲秋朔。器用笾豆各八，登一，铏一，簠簋各一，俎一，爵三，尊三，篚一，牲用太牢。制可之。于是遣使诣各陵致祭，复命陵寝所在，禁民无得樵采，置碑刻祭之月日牲帛之数于其上，俾所在有司守之，以为例程。"[1]

不难看出，以酃县为神农炎帝陵，国家致祭始于宋代。宋代罗泌《路史》最早对于神农氏的迁徙进行了描述。生神农于列山之石室，长于姜水，初国伊继国耆故氏伊耆，都于陈，崩葬长沙茶乡之尾是曰茶陵。有唐尝奉祠焉，太祖抚运梦感见帝，于是驰节夐求，得诸南方，爰即貌祀，时序隆三献。[2]《元代通鉴续编》

---

①（明）佚名：《礼部志稿》，卷八十五上。
②（南宋）罗泌：《路史》，卷十二。

又言，神农之后凡八代，"传八帝至榆罔而亡"。这8位帝王共统治380年，最后榆罔居于空桑，其臣为蚩尤，黄帝战于涿鹿。[1]空桑，古代中国传说□地名，出自《山海经》。空桑也是上古地区名，沿用至东周晚期，主要指今鲁西豫东地区。我们抛开其间的各种传说不论，只是找出其族人迁徙之地，可以找到这样的线索，初都陈，后居曲阜。葬长沙。这是一条很长的迁徙路线，中间完全没有线索。而定于长沙完全是因为太祖梦感。这是一个很有意思的结论。

---

① (明)陈桱:《通鉴续编》卷一。

——第二编——

神农炎帝茶祖文化符号与
中华民族共同体意识

第一节　西周神农炎帝形象的历史书写
与中华民族文化共同体构建

　　西周是中华民族共同体构建的开端。虽然已经不能还原周人与号称八百诸侯会盟孟津的场景，但可以肯定的是，周人不是一个从人口数量和所统治区域上来讲最大的族群。在发起对殷人战争的开初，周文王、周武王、周公旦就有了以小搏大、最终实现众多族群共同生活的设想和实践。《尚书·周书》序称："惟十有一年，武王伐殷。一月戊午，师渡孟津。"注曰"周自虞、芮质厥成，诸侯并附，以为受命之年。至九年而文王卒。武王三年服毕，观兵孟津，以卜诸侯伐纣之心。诸侯佥同，乃退以示弱。十三年正月二十八日，更与诸侯期而共伐纣。"这里描述周人的胜利，自周文王时已开始布局，而后周武王与诸侯会盟，反复试探，最终才共伐纣。正如许倬云根据文献与出土文物相印证，认为"周以蕞尔小国而能克商，既不能由经济国强弱作理由，又不能由军事力量的优劣来分高低，周之胜利当只能由战略的运用上寻求解释。"[①]周人自三季开始，周人就不断壮大自己的势力，到文王时，已俨然商西的霸主。虞、芮两个小国争地而决于文王，

———————————

①许倬云:《西周史》,北京:生活·读书·新知　三联书店,2001年,第82页。

标志着周人战略实施的成功，而后征密、阮、共，克崇。"三分天下有其二，以服事殷"（《论语·泰伯》），许倬云认为，殷商时代可以看作一个主轴的政治力量，逐步扩张充实其笼罩的范围，却还未能开创一个超越政治力量的共同文化。因此殷商的神，始终不脱离宗族神，部落神的性格。周人以小邦蔚为大国，其立国过程必须多求助力，因此在先周时代，周人占据晋南陕右的山地，采撷了农耕文化及西面草原文化的长处，终于与姜姓部族结为奥援。此后翦商经过，也是稳扎稳打地一步步逼向殷都。天下归仁也未尝不是多所招抚的另一种说法。及至克商以后，历武王周公及成康之世的经营，周人的策略，不外乎抚辑殷人，以为我用，再以姬姜与殷商的联合力量，监督其他部族集团，并以婚姻关系加强其联系，同时选用当地俊民，承认原有信仰。新创之周实际上是一个诸部族的大联盟。周人在这个超越部族范围的政治力量上，还须建立一个超越部族性质的至高天神的权威，甚至周王室自己的权力也须在道德性的天命之前俛首。于是周人的世界，是一个天下，不是一个大邑；周人的政治权力，铸就了一个文化的共同体。这个结论是对武王克商策略的总体分析，也是对西周王朝因势利导，彻底摆脱商朝殷人独裁的治理，开创了多族群共生治理，构建多民族共生的文化共同体的新格局。

西周政治战略的实施，是周人在长期迁徙过程中，与不同族群寻求和谐相处之道中形成的政治理念。关于周族的起源有三种说法，一是传统认为起源于陕西境内的渭水、泾水流域。二是钱穆先生提出的起源于山西南部说。第三种是徐锡台提出的，早周文化可能是从客省庄二期文化的基础上接受了一些齐家文化的因素而发展起来的。许倬云先生选择了钱穆说，他描述早期周人曾奔窜于戎狄之间，即卜辞中的鬼方、土方。公刘的儿子庆节迁豳，从山西南部迁徙到泾渭河谷。古公亶父时，从豳迁到岐山之下。《诗经·绵》有："古公亶父，来朝走马。率西水浒，至于歧下。爰及姜女，聿来胥宇。"这是周人最早通过联姻的方式，实现与其他族群的联合。《诗经·大明》："挚仲氏任，自彼殷商。来嫁于京，曰嫔于京。""大邦有子，俔天之妹。""于周于京，缵女维莘"。王季与挚国任氏二女的联姻，文王先后和殷人、莘人之女结亲。《诗经》中对这一类事件的叙述充满了各族群之间相互融合的向往。

周人以蕞尔小邦，合八百诸侯克商而立国。建国之初，周武王继承周文王"天命靡常，惟德是依"的政治思想，变革殷商的天命观，建立新型的封建国家社会结构。在许倬云看来，周人在三监之乱后，始全力着手建立有效统治。姬姓与姜姓成员国各控制一区，内部以周与殷遗及东方旧族结合为基本原则。殷周以外的土著，一方面以商周融合的势力楔入，另一方面以夏政、商政、戎索来适应当地文化，最终凝成了一个强大的"自群"意识。成康之世后，西周进入了建国的成型期。西周的分封制在族群衍裂以组成新族群的意义，在于裂土分疆的意义，分封制下的诸侯，一方面保持宗族族群的性格，另一方面也势必发展地缘单位的政治性格。①李山认为："周初实施的封建，正是求懿德精神的重大结果。唯其如此，从新石器时代以来就遍布中原大地上的

①许倬云：《西周史》，北京：生活·读书·新知 三联书店，2001年，第137，147页。

林林总总的众多人群，才可能在一个大王朝的格局下共生共存，并以此为前提，逐渐在文化和精神上超越族群的界限走向民族的融合，产生全新的礼乐文明。"①这一论断是许倬云关于西周史论描述的进一步细化，从文化的视角来看，西周封建王国的建立，改变商代社会独裁的统治模式，构建了多元文明与多元族群融合的新型结构。这一殷周制度的变革，最终形成了一统的华夏观和上古人类文明序列的描述。

我们很难追溯周武王在分封各地诸侯的时候是怎样来设计这个影响了中华文明共同体构建的重要内容，但有一点是肯定的，周武王所提出的从伏羲、女娲、神农、黄帝的古人类文明序列一定是和他们族群所在的山西到陕西这个活动区域中的传说有关。上古的口述史与文献著述已经淹没在历史的长河中了，今天已经不可能还原历史的本来面目，有的只是借助后世的历史文献来推测西周王朝早期模糊的影像。基于西周王朝族群共同体的构建，也便开创了以中原为核心，以时间为序列的古史构建。《周易》《诗经》《尚书》《竹书纪年》《逸周书》《管子》《列子》是现存春秋战国时期关于上古文明序列描述的文献，虽然这些文献真伪及存佚辑录时间颇有争议，但都是西周多元族群融合，并逐渐走向一统的华夏的文化证据。

《周易·系辞下》说："古者包牺氏之王天下也，仰则观象于天，俯则观法于地，观鸟兽之文与地之宜，近取诸身，远取诸

①李山：《西周礼乐文明的精神建构》，河北：河北教育出版社，2014年，第29页。

物，于是始作八卦，以通神明之德，以类万物之情。作结绳而为网罟，以佃以渔，盖取诸《离》。包牺氏没，神农氏作，斫木为耜，揉木为耒，耒耨之利，以教天下，盖取诸《益》。日中为市，致天下之民，聚天下之货，交易而退，各得其所，盖取诸《噬嗑》。神农氏没，黄帝、尧、舜氏作，通其变，使民不倦，神而化之，使民宜之。"①这是重新回顾殷周之前的历史阶段的总结，这一时期，中华文明共同体的基因已经形成。在殷商之前人类文化是多元的，是单一族群的文明进化。《周易》把人类文明进化的每一个阶段归结为单一族群的进化，并且赋予文明进化以规律性描述，每一个进化的阶段都标志着人类对世界的新认知，新思考。包牺氏开始通过观察世界获得人类生存所需要的火，并开始渔猎生活。神农氏则是发明耒耜，开始农业文明，大型村落开始出现，并且有了最早的贸易。黄帝、尧、舜则"使民宜之"，有了各种有益于人民发展的措施与发明。

《竹书纪年》以"黄帝轩辕氏"为纪年的开篇，"元年，帝即位，居有熊，初制冕服。"黄帝统治100年，而后高阳氏78年，高辛氏63年，陶唐氏70年。在陶唐氏58年时，周族的始祖后稷第一次出现在了历史的叙事中，"五十八年帝使后稷放帝子朱於丹水"，这一条给周族标出了一个起始点即帝尧时期。而后周族被迫向西南迁徙，一直到夏少康三年"后稷之后，不窋失官，至是而复。"

两个体系是前后相继的体系，陈述了这样一个历史事实：包

①《子夏易传》，卷八。

牺氏、神农、黄帝、尧、舜是不同阶段不同族群的先祖，他们是中华民族文化共同体不断进化的代表。后世的历史学家为了把这文明进化的历史进程想象为一个整体，于是提出了"禅让"的美好想象，历史获得了一体化的模式。

殷周变革背景下，周族还没有办法去构建一体化的治理模式，但必须改变各族群各自为政的混乱局面。《史记·周本纪》："武王追思先圣王，乃褒封神农之后于焦，黄帝之后于祝，帝尧之后于蓟，帝舜之后于陈，大禹之后于杞。"根据《史记集解》《史记正义》的解释，神农氏族群被封于焦国，今河南省三门峡门周边区域（弘农陕县有焦城）。[①]黄帝氏族群被封于祝国，今江苏赣榆西北，杜预云：夹谷即祝其也。服虔云东海郡祝其县也）。[②]尧氏族群封于蓟国，今天津市蓟州区（《地理志》燕国有蓟县）。舜氏族群封于陈国，今河南省周口市淮阳区周围（《括地志》云：陈州宛丘县在陈城中，即古陈国也。帝舜后遏父为周武王陶工，武王赖其器用，封其子妫满于陈，都宛丘之侧）。禹之后被封于杞国，今河南省杞县（《括地志》云：汴州雍丘县，古杞国。周武王封禹后于杞，号东楼公，二十一代为楚所灭）。

我们可以从今天的地图上找到这些地域，都处于中原文明的

---

① 何光岳认为：姜姓焦国被迫东迁，西周时在今河南中牟，东周初时迫于郑国而迁豫东商水县，再迁今安徽亳州。周武王封神农之后于此建立姜姓焦国，修筑焦城（今亳州）。（钟泰、宗能征：《亳州志》，黄山书社，光绪二十年）

② 春秋齐地。《春秋》定公十年（前500）："夏，公会齐侯于夹谷"；《左传》："公会齐侯于祝其，实夹谷；孔丘相"：即此。故址有三说：旧说在今江苏赣榆西；一说在今山东莱芜南；一说在今山东淄博市淄川西南。皆见顾炎武《山东考古录》。

核心区域。这些族群都先后曾经是中原区域的主宰者，随着历史的变迁和战争的影响，这些族群到西周时，都退化为了一个小的族群。

西周对上古圣王的封赏是从神农氏开始的，神农之前的伏羲氏或许是人类对自我净化的想象，曾经有过一个以火的发明为标志的部族，在西周初年彻底迷失在了历史的长河中了。神农氏族群被封赏，说明这个族群仍然在，而且有可能参与对殷商的战争。西周统治者对上古圣王序列的描述及神农氏等圣王族群的封赏，激发了整个三朝对于上古圣王的想象，也成为春秋、战国时期诸子政治理想的证据。

西周初期，人们认定神农氏是农业文明的开创和以物易物贸易市场的建立者。

《逸周书》云："神农之时，天雨粟，神农遂耕而种之；作陶冶斧斤，为耒耜锄耨，以垦草莽，然后五谷兴助，百果藏实。"

《周易·系辞下》："神农氏作斩木为耜，揉木为耒，耒耨之利以教天下。盖取诸益，日中为市，致天下之民，聚天下之货，交易而退，各得其所。"

在上古帝王中，神农氏制造农耕之具，大大提升了劳动力。同时随着物质的丰富，开创了最早的物质交流的市场，以物易物。司马迁收集所有相关资料写成了这样一段话，《史记·五帝本纪》中说：

轩辕之时，神农氏世衰。诸侯相侵伐，暴虐百姓，而神农氏弗能征。于是轩辕乃习用干戈，以征不享，诸侯咸来宾从。而蚩尤最为暴，莫能伐。炎帝欲侵陵诸侯，诸侯咸归轩辕。轩辕乃修德振兵，治五气，艺五种，抚万民，度四方，教熊罴貔貅貙虎，以与炎帝战于阪泉之野。三战，然后得其志。[1]

神农炎帝成为华夏文化的主体，标志农业文明已经成为中国社会的主体。农业文明在西周进入了发达时期。这一时期，农业生产资料得到了不断更新。农业生产也进入了一个新的时期。

---

[1] 司马迁:《史记》,北京:中华书局,1963年,第3~5页。

第二节　先秦神农形象与中华民族共同体
内涵构建

（一）《管子》神农形象的构建与民族共同体内涵的解释

管子是春秋初期（前730—前645）的一位政治思想家，司马迁概括说："其为政也，善因祸而为福，转败而为功。贵轻重，慎权衡。""俗之所欲，因而予之；俗之所否，因而去之。""故论卑而易行，下令如流水之原，令顺民心。"管仲帮助齐桓公治国几十年，注重发展经济，支持农业发展。强调农业，同时发展工商业。大兴教化，加强法制。在他的政治主张中引入了神农形象，以此来丰富自己的政论。这是现存文献中第一次借助神农形象进行政治表达，间接实现了神农形象的重构。管子试图用神农的形象，再造一个西周时期的文化共同体，其中既有着对历史内涵的挖掘，也有着对未来中华民族共同体的向往。

《管子》一书中对神农的描述有5条，我们用逐条来考证。

1.《管子》卷第十二引用神农，其文曰：

> 沮平气之阳，若如辞静。余气之潜然而动，爱气之潜然而衰，胡得而活动？对曰：得之衰时，位而观之，怡美然后

有辉。修之心，其杀以相待，故有满虚衰乐之气也。故书之帝八，神农不与存，为其无位，不能相用。

管子似乎想说明的是，神农时期并没有形成一个统一的治理模式，尊崇神农更像是自发的追求，正因为这样，当部落之间发生冲突时，神农是没有办法有所作为的。这也就是后来司马迁《史记》所述"诸侯相侵伐，暴虐百姓，而神农氏弗能征"的来由。这是一个很有意思的表述，"书之帝八，神农不与存，为其无位"，"无位"是指什么呢？房玄龄注曰：《易》之所序五帝，谓伏羲、神农、黄帝、尧、舜。《书》之所记三王，夏、殷、周。然于八帝之中，神农所存事迹独少，则以不为位，以观灾处，气又不供。①房玄龄的注解是把上下两问连在一起，暗含此问的意义在于从上古圣王中感受天命气运。"神农不与存"，特指神农所存事迹少，没有办法从中去观察其处事与天命气运的关系。《史记·历书》："神农以前尚矣。盖黄帝考定星历，建立五行，起消息、正闰余，于是有天地神祇物类之官。"房玄龄之说盖起于此。郭沫若认为此外当是"问如何而合可以抗其阻力"。"衰，即盛衰之衰，谓德于主气既衰之时，依五行之位而观审之。如水德即衰，则修火德也。"②郭沫若也认为是指王朝气运之论。

2.《管子·封禅》：

<hr>

① 《管子》，卷十二。

② 郭沫若、闻一多、许维遹：《管子集校》，北京：科学出版社，1956年，第626页。

　　桓公既霸，会诸侯于葵丘，而欲封禅。管仲曰："古者封泰山禅梁父者七十二家，而夷吾所记者十有二焉。昔无怀氏封泰山，禅云云。羲封泰山，禅云云；神农封泰山，禅云云；炎帝封泰山，禅云云；黄帝封泰山，禅亭亭；颛顼封泰山，禅云云；帝喾封泰山，禅云云；尧封泰山，禅云云。舜封泰山，禅云云；禹封泰山，禅会稽；汤封泰山，禅云云；周成王封泰山，禅社首。皆受命然后得封禅。"

　　此篇文献的真伪存在一些争论。尹注《管子》，此篇标题之下有"元（原）篇亡，今以司马迁《封禅书》所载管子言以补之"。据此，此篇在唐代已亡佚。然刘师培考察一些唐初文献的征引情况，认为此篇当时并未亡佚，尹注所据本缺之而已。尽管如此，《管子》只有尹注流传至今，人们能读到的也只有这份尹注从《史记》中移补过来的文字了。①在这一部分的论述中，管子所列十二帝，无怀氏、伏羲氏、神农氏、炎帝、黄帝、颛顼、帝喾、尧、舜、禹、汤、周成王。这个排列是管子劝说齐桓公时的一个例证，不一定确有其事，极有可能是寓言之类的说法，但对上古世系的排列，代表了春秋早期的基本观点。周武王建立圣王序列以实现文化共同体的思想已经很成熟了，但是神农帝与炎帝同时出现在这个序列中却是第一次。袁珂先生指出："炎帝与神农的合而为一是从秦汉之际的《世本》开始的。但既是经合而

---

①李山、轩新丽译注：《管子》，北京：中华书局，2019年，第348页。

为一，他们的神话就互相渗透，不可分解了。"①也就是说二者的相合，使得人物形象、历史功绩等人物身上附带的文化基因都统统"合流"了，而且再难以分解。换句话说，即《世本》之前关于神农的功绩也一并可算归为炎帝了。关于神农氏的考证，刘毓庆先生曾提出："古史上有两个神农氏，一个是代表着农业发展的神农氏，一个是走向宗教神权时代的炎帝神农氏。"明确表明了炎帝与神农本不为一人之意。但同时又说道："这两个神农氏是同一个群体的两个不同阶段，还是神农氏与炎帝族融合而出现炎帝神农氏，今已不好确定。"②

3.《管子·形势解》：

> 神农教耕生谷，以致民利。禹身决渎，斩高桥下，以致民利。汤、武征伐无道，诛杀暴乱，以致民利。故明王之动作虽异，其利民同也。故曰：万事之任也，异起而同归，古今一也。

显然就是最早的农神形象。《礼记·祭法》中："是故厉山氏之有天下也，其子曰农，能殖百谷。"③因此，"柱"即为"农"。《国语·鲁语》中"或曰有烈山氏。"又"（柱）能殖百谷百

---

① 袁珂：《古神话选释》，北京：人民文学出版社，1979年，第86页。
② 刘毓庆：《神农氏与太行山地区关系之考察》，《山西大学学报》（哲学社会科学版），2012年第3期，第39~54页。
③ （清）孙希旦著，沈啸寰、王星贤点校：《礼记集解》，北京：中华书局，1989年，第1204~1205页。

蔬"。①丁山先生说，"这位'厉山氏之子农'，到了晚周时期，冠以神号，竟称为神农氏，一跃而为中国原始农神，压倒了后稷。②这里其实有着一个对上古圣王形象构建过程中的一个影像重叠的历史现象。刘毓庆先生把这一现象称为"打结理论"。在管子之后，神农、炎帝以及周代先祖后稷的形象也渐渐重合，成为神农氏。周代先祖后稷创世农业的形象被取代，也是周代王室对先祖的祭祀之礼逐渐松弛的一个表现。但是这一段中论述的核心在于"故明王之动作虽异，其利民同也"，"致民利"是所有"明王"共同的追求。这是现存文献中最早以"利民"为本的"王道"思想的表达，渐而发展为中华民族文化共同追求的目标。"神农教耕生谷，以致民利"，第一次把"神农"形象作为古代圣王最早的典型代表，也使"致民利"成为民族文化中统一的、整体化的社会治理的理想。

4.《管子·揆度》：

> 《神农之数》曰：'一谷不登，减一谷，谷之法什倍。二谷不登，减二谷，谷之法再什倍。'夷疏满之，无食者予之陈，无种者贷之新，故无什倍之贾，无倍称之民。

"揆度"，即考核、称量的意思。此篇仍是讨论有关"轻重"

---

① 徐元诰撰，王树民、沈长云点校：《国语集解》，北京：中华书局，2002年，第155页。

② 丁山：《中国古代宗教与神话考》，北京：龙门联合书局，1961年，第20页。

之术的各种问题。文章一开始即称，自燧人氏以来，未有不以
"轻重"之术治理国家的。"人君操本，民不得操末"，即人君始
终利用价格，操纵物价升降以获取最大利益，充实国库，防止富
商大家干扰国家政治，这是文章的中心。就是说，《管子》"轻
重"之术，是富国之论。不过，富国而重视生产，又是《管子》
经济思想的另一重要方面。因而篇章就有"一农不耕，民有为之
饥者"的名言。①《易·系辞下》："日中为市，致天下之民，聚
天下之货，交易而退，各得其所。"注曰：上古人质而自守其居，
自费其用，而不相往来。财货之有余，不足不知其均也，故为之
市。致天下之民，聚天下之货而交易之，各得其所，齐其有余而
退，噬嗑之义也。管子也把农业市场的一拓归于神农，并赋予神
农以新的形象，即借助于市场管理来实现经济发展。这里引用神
农之数来谈市场中平衡价格的原因、举措和意义。借"神农之
数"，管子讨论了经济治理的基本原则，即从国家整体运营的视
角来考量。把商贾的趋利和民生对立，把神农构建为一个注重社
会发展的整体性、统一性的圣王，而神农时期也成为一个天下归
于一的盛世。成为管子视野中"法先王"的重要依据。

5.《管子·轻重戊第八十四》：

桓公问于管子曰："轻重安施？"管子对曰："自理国虑
戏以来，未有不以轻重而能成其王者也。"公曰："何谓？"
管子对曰："虑戏作，造六峜以迎阴阳，作九九之数以合天

---

①李山、轩新丽译注：《管子》，北京：中华书局，2019年，第348页。

道，而天下化之。神农作，树五谷淇山之阳，九州之民乃知谷食，而天下化之。黄帝作，钻燧生火，以熟荤臊，民食之，无兹胃之病，而天下化之。黄帝之王，童山竭泽。有虞之王，烧曾薮，斩群害，以为民利，封土为社，置木为闾，始民知礼也。当是其时，民无愠恶不服，而天下化之。

此篇多言"商战"理论。开首一段强调"轻重"治国自古而然。管子描述了上古圣王的形象，伏羲发明了《易》，以阴阳为基础，九九之数对天下进行管理。"神农作，树五谷淇山之阳，九州之民乃知谷食，而天下化之。"神农的农业始祖的形象始终是后世帝王的先驱与榜样。"天下化之"，就是整个天下都得到统一的教化，实现整体的繁荣。不难看出，管子又把神农的形象上升到了一个更高的高度，即以天下为一统，实现各族群共同繁荣。这是"天下之民"能够融为一体的关键。

这里有了一个地名"树五谷淇山之阳"，这是在春秋早期关于神农发源地的最早描述。《诗经·竹竿》有"籊籊竹竿，以钓于淇。……泉源在左，淇水在右。"《诗经·氓》："淇水汤汤，渐车帷裳。"《山海经》："沮洳之山……淇水出焉。"《淮南子·地形训》："淇出大号。"《水经注》："淇水出沮洳山。水出山侧，颓波潨注，冲激横山。山上合下开，可减六七十步，巨石磥砢，交积隍涧。倾澜济荡，势同雷转。激水散氛，暖若雾合。"《大清一统志》："按淇水之源，《水经》云出淇山。《汉志》云出共山。《地形志》又云王莽岭源河流为淇。大约诸山相近故各指而言之也。"①

管子把神农氏定位于今天的河南辉县至山西晋城一带的广大区域。这一区域和当代古气候学家、人类学家的判断,农业文明起源、发展于山西高地的判断最为接近。而山西高地中,以高平羊头山为中心的晋东南是农业文明起源传说的集中区域。这是历史重叠之下的历史影像。《管子》一书中对神农形象的构建与《易》传所传述的圣王序列相呼应,神农成为农业始祖,树五谷,民得以食谷而统一天下。日中为市,市场贸易推动了经济的发展。这是对中国农业文明早期历史的构建,也开创了春秋中后期神农学派及神农思想的源头。

《管子》是春秋战国时期重要的治理国家的著作,"法先王"是其治国思想的重要依据。神农创世神话是其国家教化思想内容重要依据,在管子看来,教化天下以利民为本,神农树五谷是利民之始。农耕时代改变了人类的生存方式,其重要标志就是谷物的发现、劳动技术的提高与劳动工具的发明创造。人类生产能力的提升,促进了社会的交流,市场与国家的雏形开始萌芽。"自神农之世,斫木为耜,燥木为耒,耒耜之利,以教天下而食足。日中为市,致天下之民,聚天下之货,交易而退,各得其所而货通。"这是中华民族共同体意识构建最早的描述,对各族群的进一步融合,最终形成大一统的秦帝国奠定了基础。

(二)农家学派的"神农"法则

基于国家治理的思考,春秋战国时,神农氏传说成为农家学

---

① 《大清一统志》,卷一百五十八。

派重要的理论来源。《商君书》说："神农之世，公耕而食，妇织而衣，刑政不用而治甲兵不起。"商子此言重在强调"名尊而适于时"是国家治理□的关键，但却赋予神农炎帝神话新的解释。《吕氏春秋》记："神农之教曰：士有当年而不耕者，则天下或受其饥矣。女有当年而不绩者，则天下或受其寒矣。故身亲耕，妻亲绩，所以见致民利也。"班固总结说："农家者流，盖出于农稷之官，播百谷，劝耕桑，以足衣食。故八政，一曰食，二曰货。孔子曰：所重民食，此其所长也，及鄙者为之，以为无所事圣王，欲使君臣并耕，悖上下之序。"

　　神农炎帝发现五谷、改革生产工具的认知从神话转向了社会政治，神话体系成为哲学思维和社会治理的重要组成部分。正因为如此，神农炎帝种五谷的神话就需要更多的细节，以此来匹配神话、哲学、政治话语，神话话语开始从结果崇拜转向细节描摹。当然这种转向与战国时期"崇圣"思想的变迁有很大关联，孟子推行"法先王"的思想，在他的学说中，人人皆可以为尧舜，普通人是可以通过效法圣人而成"仁"的。孟子思想也推动上古神话传播中出现了更多的细节，神农神话内容变得更加丰富，创造了神农尝百草神话。《淮南子》记载神农氏"神农乃始教民播种五谷，相土地，宜燥湿肥墝高下，尝百草之滋味，水泉之甘苦，令民知所辟就，当此之时，一日而遇七十毒。"[1]汉代袁康："神农尝百草，水土甘苦。黄帝造衣裳，后稷产穑制器械，

---

① (东汉) 袁康：《越绝书》，上海：上海古籍出版社，1985年。

人事备矣。"①

（三）《子华子》对神农思想的新创见

子华子，春秋末期晋国人，一说战国时魏人。他生活在庄子之前，与孔子同时代。子华子曾与齐景公（？—前490年），晏子（？—公元前500年）讨论国家治理的思想。钱穆先生曾经推测子华子生卒年为公元前380—前320年，享年31岁。应麟《四部正讹》谓《子华子》书为"元丰间越中举子姓程名本而不得志场屋者所作"。晁福林认为，子华子的学说主旨在于贵生、全生、乐生、重义等项，得《吕氏春秋》记载而略可窥其面貌。其思想是对于氏族时代社会观念的叛逆，反映了那个时代的思想解放潮流，是站在时代前列的。今本《子华子》为宋代伪撰。②

《子华子》中有神农思想三条，略录如下：

1.《子华子·虎会问》：

子华子见齐景公。公问：所以为国奈何而治？子华子对曰：臣愚以为国不足为也，事不足治也。有意于为则狭矣，有意于治则陋矣。夫有国者，有大物也，所以持之者大矣。狭且陋者，果不足以有为也。臣愚以为国不足为也，事不足治也。公曰：然则国不可以为矣乎？子华子曰：非然也，臣之所治者，道也。道之为治，厚而不薄，敬守其一，正性内足，群众不周，而务成一能，尽能既成，四境以平，唯被天

---

① （东汉）高诱：《淮南子》四部备要本，北京：中华书局，1989年。
② 晁福林：《子华子考析》，《史学月刊》，2002（01）：29~33。

符，不周而同，此神农氏之所以长也，尧舜氏之所以章也，夏后氏之所以勤也。夫人主自智而愚人，自巧而拙人。若此则愚拙者请矣，巧智者诏矣，诏多则请者加多矣。请者加多则是无不请也。主虽巧智，未无不智也。以未无不知应无不请，其道固穷。为人主而数穷于其下，将何以君人乎？穷而不知其穷，又将自以为多。夫是之谓重塞之国，上有讳言之君下，有苟且之俗，其祸起于欲为也，其祸起于愿治也，夫有为愿治之心而获夫重塞之祸，是以臣愚以为国不足为也，事不足治也。①

2.《子华子·虎会问》：

昔者有道之世，因而不为，责而不诏。去想去意，静虚以待。不伐之言，不夺之事。循名核实，官庇其司。以不知为道，以奈何为宝。神农曰：若何而和百物，调三光？尧曰：若何而为日月之所烛？舜曰：若何而服四荒之外？禹曰：若何而治青北九阳奇怪之所际？是故此王者，天下以为功，后世以为能，以故记之所道，而君之所知也。②

3.《子华子·神气》：

---

①《子华子》,卷上。
②《子华子》,卷上。

　　子华子曰：古之至人，探几而钓，深与天通。心清明在躬，与帝同功，是以进为而在上，则至精之感流通而无碍。以上行而际浮，以下行而极忧，以旁行而塞于四表。不言而从化，不召而效证，以其所以感之者内也。伏羲神农之世，其民童蒙，暝暝漠漠，不知所以然而然，是以永年。[①]

　　子华子谈到了两点，一是神农之世，其民童蒙。一是神农以"以不知为道"，和成物，调三光。前者是对上古时期政治环境的描述，是以春秋时期百家争鸣、群雄并起为参照对象，因而生发出的一种复古思想。老子的道家学说与此说有相类之处。所不同的是子华子强调的是圣人"与天通心""清明在躬"，重在对统治者德行的要求上。后者则强调神农是一位智者，借神农之口描述了政治治理的"道"，"不为"而"循名核实"，相较于老子的学说有着鲜明的进取特色。重要的是，神农成为一位治世的圣者，有言语，有行为。这为后世神农形象的丰富拓展了空间。

　　（四）《列子》书中对神农氏"神化"形象

　　《列子》真伪之辨至今也没有定论。今文献史料表明，《列子》其书在流传过程中经历过两次重要的文献整理。刘向校勘古本《列子叙录》，从"中书《列子》五篇……太常书三篇，太史书四篇，臣向书六篇，臣参书二篇，内外书凡二十篇"[②]。张湛《列子注》"参校有无，始得全备"。列子，名御寇，一作圄寇、

---

①《子华子》，卷下。
②杨伯峻：《列子集释》，北京：中华书局，2012年，第265~266，第27、46、46页。

圄寇，战国时期郑国人，大致生活在公元前398年之前的战国初期，与郑子阳同时。曾向老商氏、壶丘子、关尹子、支伯高子问学，与伯昏无人为挚友，在郑国圃田隐居多年，以讲学为业，弟子有百丰等多人，后因故前往卫国。他的弟子们可能辑录其生前言行而成《列子》一书。①

《列子》一书中录神农三条：

1.《列子·黄帝》：

> 状不必童（童当作同）而智童，智不必童而状童。圣人取童智而遗童状，众人近童状而疏童智。状与我童者，近而爱之；状与我异者，疏而畏之。有七尺之骸，手足之异，戴发含齿，倚而趣者，谓之人；而人未必无兽心。虽有兽心，以状而见亲矣。傅翼戴角，分牙布爪，仰飞伏走，谓之禽兽；而禽兽未必无人心。虽有人心，以状而见疏矣。庖牺氏、女娲氏、神农氏、夏后氏，蛇身人面，牛首虎鼻：此有非人之状，而有大圣之德。

后世有神农氏牛首人身之传奇盖源于此。列子在此引用上古圣帝与前人不同，在他心目中，上古与今完全不同，是一个非人的时代。正因为非人，才可以借助于自然之力战胜自然。而最终能成为圣人，源于"大圣之德"。故下文中取夏桀、殷纣等人的禽兽之心作对比。虽然是一则寓言，但其想象却具有极高的人类

----

① 刘佩德：《列子学研究》，华东师范大学出版社，2013年。

学价值。对上古时代人物形象的兽化记载最多的是现存《山海经》，其中记载西王母形象是这样描述的，《山海经·大荒西经》："有人戴胜，虎齿，有豹尾，穴处，名曰西王母。"《山海经·西次三经》说："其状如人，豹尾虎齿而喜啸，蓬发戴胜，是司天之厉及五残。"《列子》而对神农的想象是这一思想的延续。

2.《列子·汤问》：

汤又问："物有巨细乎？有修短乎？有同异乎？"革曰："渤海之东不知几亿万里，有大壑焉，实惟无底之谷，其下无底，名曰归墟。八纮九野之水，天汉之流，莫不注之，而无增无减焉。其中有五山焉：一曰岱舆，二曰员峤，三曰方壶，四曰瀛洲，五曰蓬莱。其山高下周旋三万里，其顶平处九千里。山之中间相去七万里，以为邻居焉。其上台观皆金玉，其上禽兽皆纯缟。珠玗之树皆丛生，华实皆有滋味，食之皆不老不死。所居之人皆仙圣之种，一日一夕飞相往来者，不可数焉。而五山之根无所连箸，常随潮波上下往还，不得暂峙焉。仙圣毒之，诉之于帝。帝恐流于西极，失群仙圣之居，乃命禺强使巨鳌十五举首而戴之。迭为三番，六万岁一交焉。五山始峙而不动。而龙伯之国有大人，举足不盈数步而暨五山之所，一钓而连六鳌，合负而趣，归其国，灼其骨以数焉。于是岱舆、员峤二山流于北极，沉于大海，仙圣之播迁者巨亿计。帝凭怒，侵减龙伯之国使阸，侵小龙伯之民使短。至伏羲神农时，其国人犹数十丈。从中州以东四十万里得僬侥国，人长一尺五寸。东北极有人名曰诤人，长九寸。

"至伏羲神农时，其国人犹数十丈。"这一条后人多取《山海经》来注解。《山海经》云："东海之外，大荒之中，有大人之国。《河图玉版》云：从昆仑以北九万里，得龙伯之国，人长四十丈，生万八千岁始死。"可以肯定的是，列子所说的伏羲神农之时，当是以中原为核心的农业文明时期，而《山海经》所说在东海之外，当是对地球整体的想象。列子讲述了一个超现实的世界，由神仙与天帝掌管，当龙伯之国的巨人与神仙的世界发生冲突后，天帝便把龙伯国的人变矮了。这段描述和神农氏没有关系，伏羲神农只是一个时间标志，但有意味的正是这个时间标志，说明在春秋时期，神农氏作为一个历史阶段已经得到了普遍的认可。

3.《列子·说符》：

关尹谓子列子曰："言美则响美，言恶则响恶；身长则影长，身短则影短。名也者，响也；身也者，影也。故曰：慎尔言，将有和之；慎尔行，将有随之。是故圣人见出以知入，观往以知来，此其所以先知之理也。度在身，稽在人。人爱我，我必爱之；人恶我，我必恶之。汤武爱天下，故王；桀、纣恶天下，故亡，此所稽也。稽度皆明而不道也，譬之出不由门，行不从径也。以是求利，不亦难乎？尝观之《神农》《有炎》之德，稽之虞、夏、商、周之书，度诸法士贤人之言，所以存亡废兴而非由此道者，未之有也。"

这里是关尹向列子讲述社会发展的基本规律，从外表而反思本质，从过去来鉴别未来，而神农氏、有炎氏是一个讲求德行的时代，因此是一个盛世，他们也是有德之君。

《列子》一书中关于神农描述的三条虽各有其意，综合而言，神农氏是一个讲求德行的时代，这是战国初期老子为代表的道家学派对走向解体的周王朝的思考。周王朝礼仪制度的崩溃，标志着原有的多族群共同体文化受到了影响。而从历史王朝中抽象出来的"德"成为时代兴衰的基本规则，因此可以推论，上古圣王德行是其立国的根本。为了凸显"德行"的意义，《列子》甚至不惜把上古帝王的形象与《山海经》中神仙的形象混而为一，又把"天命"这一政治含义与"天帝"这一拟人化的形象相对照，创建出一个与现实世界相应的虚拟世界，通过寓言，把道家的治国理念形象地展现了出来。神农的德行，就是其中重要的一个内容。

（五）《庄子》圣王帝谱系传承中神农形象的创造

庄子（约公元前369年至约公元前286年），名周，战国时期宋国蒙（古代考城县，一说山东东明县）人，战国中期思想家、哲学家、文学家，道家学派代表人物，与老子并称"老庄"。他最早提出的"内圣外王"思想对儒家影响深远。他洞悉易理，指出"《易》以道阴阳"，其"三籁"思想与《易经》三才之道相合。其文想象丰富奇特，语言运用自如，灵活多变，能把微妙难言的哲理写得引人入胜，被称为"文学的哲学，哲学的文学"。《庄子》应该于先秦时期就已成书，我们今天所看到的三十三篇本《庄子》,是经西晋郭象删订并流传下来的。汉代《庄子》有五十二篇十余万字,这种五十二篇本到魏晋时期仍然较为常见。魏晋时玄风盛行,庄学渐起,为《庄子》作注者多达数十家,但这些注者往往根据自身对庄子的理解和个人喜好,对《庄子》一书的篇目做了一定的删改,从而形成了多种多样的《庄子》版本。①庄子生活的战国中晚期,是一个战乱频繁、势力纷争的年代,政治上表现出前所未有的动荡与不安。战争给人民的生活带来了痛苦,权术也将人们的精神推向了险恶境地,《庄子》中多次写到的战争、暴君、权臣等等,都是这种社会状况的直接体现,而讲到其根源,庄子则指向了整个等级制度、处于等级制度最上层的统治者,以及统治者用以统治百姓的仁义道德。由此,他认为当时所存在的政治制度、道德法度是完全多余的。庄子认识到了事物之间存在着普遍的差异,而且这种差异不是绝对的,而是相对的,因此不可能以某个特定存在的标准来衡量世间万物。在认识论方面,庄子很清楚地意识到了人类认识领域内的一些矛盾,这些矛盾来源于人类认识的种种局限——感官经验的局限,个人思维的局限,时间、空间的局限等等,这些局限使得人类在认识上很难达到完全的统一,而往往表现出某种相对性。

1.《庄子·胠箧》:

子独不知至德之世乎?昔者容成氏、大庭氏、伯皇氏、中央氏、栗陆氏、骊畜氏、轩辕氏、赫胥氏、尊卢氏、祝融

---

①方勇:《庄子讲读》,上海:华东师范大学出版社,第6页。

氏、伏羲氏、神农氏，当是时也，民结绳而用之，甘其食，美其服，乐其俗，安其居，邻国相望，鸡狗之音相闻，民至老死而不相往来。若此之时，则至治已。

这篇文章抨击圣、智，向往自由平等的小国寡民的社会。庄子把神农氏之前的时期描述为"民结绳而用之，甘其食，美其服，乐其俗，安其居，邻国相望，鸡狗之音相闻"。虽然我们不能确定庄子是否美化了上古时期的生活状态，但有一点是可以肯定的，史前时代还没有国家的概念，容成氏、大庭氏、伯皇氏、中央氏、栗陆氏、骊畜氏、轩辕氏、赫胥氏、尊卢氏、祝融氏、伏羲氏、神农氏等都是部族。上博简《容成氏》残简中所描述的上古氏族部落与《庄子·胠箧》篇所述相类，李零、廖名春、陈剑等皆以此篇补《容成氏》。

2.《庄子·缮性》：

当是时也，莫之为而常自然。逮德下衰，及燧人、伏羲始为天下，是故顺而不一。德又下衰，及神农、黄帝始为天下，是故安而不顺。德又下衰，及唐、虞始为天下，兴治化之流，澆淳散朴，离道以善，险德以行，然后去性而从于心。

"缮性于俗学，以求复其初；滑欲于俗思，以求致其明：谓之蔽蒙之民。古之治道者，以恬养知。知生而无以知为也，谓之以知养恬。知与恬交相养，而和理出其性。""治道"实施的方法在于"缮性"，本意为"修冶本性"，"缮性"是圣人的修道路径，通向"内圣"之实践方法。"缮性"是复性之学，人之复性必须借助一定的学说理论作为实践准绳，指导、通向本性显发的生命状态。文中将复性之学分为两种，一种是"俗学"，即世俗的学问；一种是"道学"，即"古之治道者"所修学的路径。庄子把上古圣王的更迭归结于德之下衰，这个结论是西周以来圣王序列的新解释，也把上古圣王推向了圣德的最高点，成为德行的典范。

3.《庄子·至乐》：

> 颜渊东之齐，孔子有忧色。子贡下席而问曰："小子敢问，回东之齐，夫子有忧色，何邪？"孔子曰："善哉汝问。昔者管子有言，丘甚善之，曰：'褚小者不可以怀大，绠短者不可以汲深。'夫若是者，以为命有所成而形有所适也，夫不可损益。吾恐回与齐侯言尧舜黄帝之道，而重以燧人神农之言。彼将内求于己而不得，不得则惑，人惑则死。

乐在于无为的主旨。"颜渊东之齐"的寓言故事，是要从不以人为损益自然之天处，来阐明至乐在于无为的主旨。因为命运各有所定，形体各有所适宜，是不能增加和减少的，我恐怕颜回和齐侯讲说尧舜、黄帝之道，又加上燧人、神农之主张，齐侯听了将会内求于心而不能理解，不能理解就要产生惶惑，人惶惑于心忧思不解，就要遭殃了。这是庄子对儒学理论的批评，儒家重视人的社会性而反对人的自然性，庄子梦想"至德之世"，人与自然和谐相处，自然而然的样子。

4.《庄子·山木》：

> 若夫乘道德而浮游则不然。无誉无訾，一龙一蛇，与时俱化，而无肯专为。一上一下，以和为量，浮游乎万物之祖。物物而不物于物，则胡可得而累邪！此神农、黄帝之法则也。

5.《庄子·让王》：

> 昔周之兴，有士二人处于孤竹，曰伯夷叔齐。二人相谓曰："吾闻西方有人，似有道者，试往观焉。"至于岐阳，武王闻之，使叔旦往见之，与盟曰："加富二等，就官一列。"血牲而埋之。二人相视而笑，曰："嘻，异哉！此非吾所谓道也。"昔者神农之有天下也，时祀尽敬而不祈喜；其于人也，忠信尽治而无求焉。乐与政为政，乐与治为治，不以人之坏自成也，不以人之卑自高也，不以遭时自利也。

"让王"，意思是禅让王位。篇文的主旨在于阐述重生，提倡不因外物妨碍生命的思想。利禄不可取，王位可以让，全在于看重生命，保全生命。"轻物重生"的观点历来多有指斥，认为与庄子思想不合，但其间亦有相通之处；且先秦诸子思想也常互相渗透与影响，尽可看作庄子后学所撰。这里提到神农之道，四时的祭祀并不祈求自己福祉，竭尽全力地为百姓服务，不因别人的失败呈显示自己的成功，不因别人的卑微而炫耀自己的高大，不因恰逢时机就图谋利益。

6.《庄子·盗跖》：

> 神农之世，卧则居居，起则于于，民知其母，不知其父，与麋鹿共处，耕而食，织而衣，无有相害之心，此至德之隆也。然而黄帝不能致德，与蚩尤战于涿鹿之野，流血百里。

盗跖用大量古往今来的事例，证明儒家圣君、贤士、忠臣的观念都是与事实不相符合的，儒家的主张是行不通的，就连孔子自己也"不容身于天下"。神农的时代，人们躺着舒舒服服，醒来浑浑噩噩。人们只知道谁是母亲，不知道谁是父亲，跟麋鹿共同生活，种田吃粮，织布穿衣，不存互相伤害之心。这是最高尚的道德了。然而黄帝却不能做到有道德，他跟蚩尤在涿鹿原野上开战，流血遍及百里。

综合来看，庄子把神农时代视为上古圣贤时代最合理的时期，这一时期神农法则以自然之道为核心，实现与民共生，民与自然和谐相处。这个学说和思想后来被儒家所吸收，而后世研究庄子单取其"自然"的一面，对神农形象的描述也就被人忽视掉了。

（六）《文子》中神农形象的法理化

《文子》最早见于《汉书·艺文志》，其中记载"《文子》九篇"。班固注说："老子弟子，与孔子并时，而称周平王问，似依托者也。"《隋书·经籍志》著录"《文子》十二卷"，注说："文子，老子弟子。《七略》有九篇。梁《七录》十卷，亡。"这里我们可以看到，历史上《文子》出现过九篇本、十卷本、十二卷本，而隋唐以来行世的《文子》都是十二卷的，一般通称为今本。1973年河北定州汉墓出土了竹简《文子》。竹简《文子》只有一小半对应于今本《道德》篇第一至十五章的奇数章和第二十章，其余大半残简在今本中找不到对应文字。更奇怪的是，竹简本无论是否对应于今本，除极个别文句以外，一般都不见于《淮南子》。相反，今本跟《淮南子》重合的内容，就是前面提到的三万两千多字，又几乎都不见于竹简本。显然，竹简本与今本的差异相当大，研究《文子》必须把它们区别开来，绝不可混淆为一。最合理的解释是，今本《文子》应该是把竹简《文子》和《淮南子》拼凑在一起伪造出来的。[1]张彦龙认为，今本《文子》实是《老子》之"传"。[2]各家论辩虽各有不同，但《文子》一书包含了春秋时期的思想认知。文子，辛氏，名钘，号计然，又称计倪（生卒年不详），春秋时期宋国葵丘濮上（今河南商丘民权县、一说河南省兰考县）人，著名谋士、经济学家。史载其博学，南游越国时，收越国大夫范蠡为徒，授范蠡七计。范蠡辅佐越王勾践，用其五计而灭吴国。

1.《文子·卷下》：

①张固也：《竹简〈文子〉复原及其意义》，《国学学刊》，2020（03）：117~129 页。
②张彦龙：《论今本〈文子〉为〈老子〉之"传"》，《中华老学》，2021（01）：127~147页。

文子曰：古之立帝王者，非以奉养其欲也，圣人践位者，非以逸乐其身也；为天下之民强凌弱，众暴寡，诈者欺愚，勇者侵怯；又为其怀智诈不以相交，积财不以相分，故立天子以齐一之。为一人之明，不能遍照海内，故立三公九卿以辅翼之。为绝国殊俗，不得被泽，故立诸侯以教诲之。是以天地四时无不应也，官无隐事，国无遗策（之）利，所以衣寒食饥，养老弱，息劳倦，无不以也。神农形悴，尧瘦癯，舜霉黑　禹胼胝，伊尹负鼎而干汤，吕望鼓刀而入周，百里奚传卖，管仲束缚，孔子无黔突，墨子无暖席，非以贪禄慕位，将欲事起天下之利，除万民之害也。自天子至于庶人，四体勿勤，思虑不困，于事求赡者，未之闻也。

《文子缵义》："旧注自神农以下形体朣瘁，手足胼胝者，非求居于民上自取尊，志在救物故也。未有安坐而望禄，不耕而获黍者。"宋杜道坚以《文子》与《道德经》相对照，特别强调《文子》所表达的道家无为思想。自神农以下，形体瘦悴，手足胼胝，不贪慕禄位，以造神万民为追求，应当是文子试图描述的理想的帝王形象。身先士卒，以身示范，神农形象成为世俗对帝王垂范、以正天下的典范。这一形象把神农与后世的圣人联系起来，人物形象也于始更为真实。《淮南子·修务训》引用此例说："盖闻传书曰：'神农憔悴，尧瘦癯，舜霉黑，禹胼胝。'由此观之，则圣人之忧劳百姓甚矣。故自天子以下至于庶人，四肢不动，思虑不用，事治求澹者，未之闻也。"利天下之民以为天子，成为道德家对皇权的基本要求。

2.《文子》：

> 故神农之法曰：丈夫丁壮不耕，天下有受其饥者；妇人当年不织，天下有受其寒者。故身亲耕，妻亲织，以为天下先。其导民也……不贵难得之货，不重无用之物。是故耕者不强，无以养生；织者不力，无以衣形。有余不足，各归其身。衣食饶裕，奸邪不生。安乐无事，天下和平。智者无所施其策；勇者无所错其威。

《缵义》："古今为国，其道不同者，俗变故也。古人淳朴，上无苛令，官无烦治，士无伪行，工无淫巧，是故人心易足，为治不难。后世俗变风移，上行下效，奢侈相尚，贪欲无厌，是以人心难足，为治不易。"不难看出，这是对帝王的更高要求，把帝王视为天下的表率。宋代《缵义》称世俗不同，而其内涵中包含着帝王为世俗引领者的形象。而神农法则，亲耕、亲织，不贵难得之货，不重无用之物，则天下和平，这是道家"绝圣弃智"的前提。文子的阐释对庄子政治思想有着更深的理解。

第三节　汉代神农炎帝农祖与祭祀

两汉时期炎帝与神农合而为一称神农炎帝，这是今天学术界的共识。二者合而为一与汉代农业发展区域和种植种类的扩大有着紧密关联，同时也是汉代阴阳家、道家、儒家思想合流的结果。史家文献所能看到的最早关于炎帝神农的祭祀为秦灵公。《史记·封禅书》曰："秦灵公作吴阳上畤，祭黄帝；作下畤，祭炎帝。"这是首次有确切记载的官方祭祀炎黄的活动。《史记·封禅书》集解徐广曰："凡距作密畤"，秦宣公作密畤为公元前672年，其后250年是公元前422年，秦灵公时祭黄帝、炎帝是在公元前422年。这是秦人多元畤祭体系的重要组成部分。《说文解字》释"畤"："天地五帝所基址，祭地。"《史记索隐》曰："畤，止也，言神灵之所依止也。"秦的郊祀是以祭嬴姓（秦人的姓）"始祖"白帝为主，风姓（是山东嬴姓的兄弟氏族）"始祖"青帝为辅，兼祭当地土著姬（周人的姓）、姜（与姬姓互为姻娅）二姓的"始祖"黄帝和炎帝，属于先秦时代的"五族共和"。[1]汉高祖刘邦登基后问："故秦时上帝祠何帝也？"对曰："四帝，有白、

---

[1] 高强：《整合与重塑：两汉时期的炎帝文化》，《信阳师范学院学报：哲学社会科学版》，2022年第4期，第88~92页。

青、黄、赤帝之祠。"刘邦曰："吾闻天有五帝，而有四，何也?"
莫知其说。刘邦曰："吾知之矣，乃待我而具五也。"乃立黑帝
祠，命曰北畤。秦汉时期，在国家祭祀中，黄帝和炎帝已成为天
下共主，成为文化共同体的标志。在汉代文化发展的过程中，又
被赋予了新的形象和内涵。

一、汉代农业发展与神农炎帝活动区域及形象的想象

汉代农业发展为整个社会带来了新的文化。农业文明快速发
展表现在农业制度和农业技术的快速发展。近年来，我国学者在
农业考古领域取得了一系列重大成果，就农业生产和技术而言，
考古发现汉代农业首先在农作物种类上有了很大的突破。马王堆
1号汉墓出土了其中的15个品种，有稻、麦、黍、粟、豆、姜、
麻、花椒、葵、芥菜、藕、甜瓜、枣、梨、梅等；湖北江陵凤凰
山168号汉墓出土粟、葫芦、桃、梅、李、杏、枇杷、花椒、姜
等；广西贵县罗泊湾1号汉墓出土稻、粟、大麻、黄瓜、香瓜、
冬瓜、番木瓜、葫芦、橘子、李、梅、青杨梅、橄榄、仁面果、
罗浮栲、广东含笑、金银花、花椒、姜、芋等植物。同前代相
比，汉代经济类作物种植更广，而且出现了苜蓿等新品种。粟、
稻、麦、豆、麻等是汉代人的主要食粮。二是农业工具。铁农具
在全国各地均有大量出土，有犁铧、镘、锸、耙、耧足、锄、
铲、镰等，从农耕画像材料分析，汉代的犁具以简单的框形结构
为主。陕西米脂县官庄村牛文明墓的牛耕图上，铧不装在犁

底。①

农业耕种面积的扩大，种植种类的增加，农业技术水平的提升加速了农业的发展，但气候条件和土地等自然条件始终是农业发展的必备因素。《吕氏春秋·审时》："夫稼，为之者人也，生之者地也，养之者天也。……此之谓耕道。"《吕氏春秋·长攻》载："譬之若良农，辨土地之宜，谨耕耨之事，未必收也，然而收者，必此人也。虽在于遇时雨，遇时雨，天地也，非良农所能为也。"

汉画像石记录了不同区域人们对农业发展的认知。山东嘉祥武梁祠描绘了神农炎帝的形象，神农炎帝和伏羲、女娲等十位古帝王皆绘于历史右壁，铭曰："神农氏因宜教田，辟土种谷，以振万民。"这是先秦对神农描述的延续，但从地点不难看出，神农炎帝形象开始从国家祭祀进入民间祭祀，民间赋予神农炎帝以农业始祖地位。江苏徐州铜山县苗山墓室发现两幅石刻画像即《黄帝升仙》和《神农采药》。《神农采药》中的神农，头戴竹笠，身披蓑衣，右手执耒耜，左手牵凤凰（形似孔雀），右上方有蟾宫玉兔，下方是一头有翼衔草的神牛。这是民间神仙飞升想象与神农形象相结合的产物，汉代世俗思维追求永生，认为圣人都应当是神仙，因圣而永生，是世俗文化对圣王的最高崇敬。神农采药，也说明人类在瘟疫流行、生老病死等不可抗拒的自然面前，希望借助于神农再世而获得解决。间接也说明，中草药等知识也

---

① 刘兴林：《汉代农业考古的发现和研究》，《兰州大学学报：社会科学版》2005年第2期，第11~19页。

开始获得广泛的认可，神农形象在医药推广和认知中也扮演着重要的角色。山东临沂白庄也出土了一幅戴笠执耒羽人，应当是农业始祖与羽化仙人结合的形象。陕西绥德出土的墓门立柱画像石，人身蛇尾，左手握仙草，右手执嘉禾，专家们认为"似为神农氏"，嘉禾和仙草是农神和药神合二为一。山西离石马茂庄出土的一件画像石，神农炎帝持耒站立，人身牛首，前有嘉禾，后有神木。与国家祭祀相比，民间对神农的祭祀表现出更多的功利性。神农炎帝被赋予了和农业、种植、植物相关的新的形象，并且由圣而成仙，成为农神、药神。

二、汉代九流十家对神农炎帝的经典书写

秦汉以来，关于上古帝王的描述发生了重大的改变，他们开始成为经典文化的重要组成部分。他们也从事实上的部落首领成为名义上中华文明的共主，成为一统天下的早期文明的帝王，开始从传说时代进入了经典时代。秦国的文字、度量衡的统一，从文化和经济上实现了帝国区域内所有地区的联结，并由此建立起了一个国家认可的文化典籍体系。汉代建国之后，汉高祖、汉文帝、汉景帝以黄老思想治国，而儒学思想也得以流行，汉武帝后，独尊儒术的思想开始流行，以儒学为中心的国家经典开始形成。国家经典，不但使皇帝成为帝国价值体系的倡导者和捍卫者，还使得他成为践行这些价值的人所仿效的楷模，以及为人们所共享的教育和文化生活的基础。最后共同的文化体系把所有从

事帝国事务以及渴望为帝国服务的人都连接起来。①以中原文明为核心的中华文明共同体已经得到普遍的共识。三皇五帝已成为圣贤治理的代名词。

（一）阴阳家

班固《汉书·艺文志》说："阴阳家者流，盖出于羲和之官。敬顺昊天，历象日月星辰，敬授民时。此其所长也。及拘者为之，则牵于禁忌，泥于小数，舍人事而任鬼神。"中国古代历书出自阴阳家，以星历作为专门学术。阴阳是古人通过观察自然界变化而获得的关于宇宙认知的基本理论，他们认为一切事物都有对立属性，就像日月、阴晴，阴盛则阳衰，阳盛则阴衰，是万物演变的基础。《管子·四时篇》说："是故阴阳者，天地之大理也。"战国时期，在阴阳学说的基础上，邹衍提出了"五德始终"说，用阴阳学说来解释王朝更迭的政治现象，为王朝的正统性提供了理论支持。邹衍说"五德从所不胜，虞土、夏木、殷金、周火"（《文选》李善注引）。又说"代火者必将水""数备将徙于土"（《吕氏春秋·应同》）。他认为虞（舜）、夏、殷、周的历史是一个胜负转化的发展过程。它按照土、木、金、火、水依次相胜而具有阶段性，又按照始于土、终于水、徙于土的循环往复而具有周期性。

《史记·历书》说："战国并争，在于强国禽敌，救急解纷而已，岂遑念斯哉！是时独有邹衍，明于五德之传，而散消息之

---

① ［美］陆威仪著，王兴亮译：《早期中华帝国：秦与汉（哈佛中国史）》，中信出版社，2016年，第4页。

分，以显诸侯。而亦因秦灭六国，兵戎极烦，又升至尊之日浅，未暇遑也。而亦颇推五胜，而自以为获水德之瑞，更名河曰'德水'，而正以十月，色上黑。然历度闰馀，未能睹其真也。汉兴，高祖曰'北畤待我而起'，亦自以为获水德之瑞。虽明习历及张苍等，咸以为然。是时天下初定，方纲纪大基。高后女主，皆未遑，故袭秦正朔服色。至孝文时，鲁人公孙臣以终始五德上书，言'汉得土德，宜更元，改正朔，易服色。当有瑞，瑞黄龙见'。事下丞相张苍，张苍亦学律历，以为非是，罢之。"

　　五德始终说在汉文帝之前有着很大的影响力，仍然是国家祀典的重要依据。不同于邹衍的政治学说，汉代阴阳家陷入了技术化困境，司马谈《论六家要旨》说："阴阳之术，大祥而众忌讳，使人拘而多所畏。""夫阴阳四时、八位、十二度、二十四节，各有教令，顺之者昌，逆之者不死则亡。"这些对日常生活的解释对世俗民众生活影响很大。为了能够解释自己的理论，阴阳学家用追溯远古圣王的方式来论证自己的观点。《史记·封禅书》载鲁人公孙臣上书曰："始秦得水德，今汉受之，推终始传，则汉当土德，土德之应黄龙见。宜改正朔，易服色，色上黄。"时任丞相张苍好律历，以为汉乃水德之始，色外黑内赤，与德相应。后三岁，黄龙见成纪。汉文帝乃召公孙臣，拜为博士，与诸生草改历服色事。下诏曰："异物之神见于成纪，无害于民，岁以有年。朕祈郊上帝诸神，礼官议，无讳以劳朕。"文帝始郊见雍五畤祠，衣皆上赤。文帝还听从方士新垣平的建议，立渭阳五帝庙和长门五帝坛，与原有的五畤一起构成了祭祀五帝的中心场所。在五帝系里，炎帝位在南方，为南方帝，主火主夏。东汉建立时，光武帝刘秀再度借助"赤帝子"的故事，宣称汉为火德。于是，两汉王朝在经历了长时期的土德与火德之争后，终于确定自己为火德。

高诱在《吕氏春秋·孟夏纪》注里说："炎帝，少典之子，姓姜氏，以火德王天下，是为炎帝，号曰神农，死托祀于南方，为火德之帝。"明确指出炎帝死后托祀于南方。由于炎帝族裔和炎帝文化的南迁，加之五行说的流行，炎帝主火主夏、位在南方的观念被人们普遍接受，故而炎帝文化在南方广为流传，深入人心。无论是在传为神农氏出生地的湖北随州，还是在炎帝陵所在地湖南炎陵，都流传着许多炎帝神农氏的传说，都延续着祭祀炎帝神农氏的传统。赵世超认为："炎帝崇拜在南方广为流行，是因为阴阳五行说广布以后，炎帝被配为南方之帝而造成的。为了使大家在崇拜时有一个物化的对象和形式，所以就造了炎帝陵、炎帝庙。这是战国秦汉时，阴阳五行学说影响下产生出来的一种文化现象。"[1]李尚英则认为："炎帝部族迁徙到南方是一个客观事实，而五行说的影响则为南方很多地方崇拜姜炎文化起了催化剂的作用。"[2]

（二）道家

《左传·昭公十七年》曰："炎帝氏以火纪，故为火师而火名。"《说文解字》曰："炎者，火光上也，从重火。"《淮南子·

---

[1]赵世超:《阴阳五行学说与炎帝文化的南迁》,西安:三秦出版社,2001年,第7期。

[2]李尚英:《炎帝部落迁徙中几个问题的探讨》,西安:陕西人民出版社,2006年,第1期。

天文训》曰："南方火也，其帝炎帝。"《吕氏春秋·孟夏纪》曰："其帝炎帝，其神祝融。"《礼记·月令》曰："孟夏之月，其帝炎帝，其神祝融。"《独断》曰："南方之神，其帝神农，其神祝融。"《白虎通·五行》曰："太阳……位在南方……其帝炎帝……其神祝融。"《史记·司马相如列传》张守节正义曰："祝融，南方炎帝之佐也。"长沙子弹库《楚帛书》曰："炎帝乃命祝融以四神降。"《淮南子·氾论训》曰："炎帝作火，死而为灶。"《礼记·礼器》孔颖达疏曰："颛顼氏有子曰黎，为祝融，祀以为灶神。"《尚书大传》曰："南方之极，自北户南至炎风之野，帝炎帝神祝融司之。"祝融成了炎帝最得力的助手。

《淮南子·主术训》曰：

> 昔者神农之治天下也，神不驰于胸中，智不出于四域，怀其仁诚之心，甘雨时降，五谷蕃植。……其地南至交阯，北至幽都，东至旸谷，西至三危，莫不听从。

炎帝神农氏的活动范围不可能如此之大，然其后裔和文化有可能迁徙、播散至各地。《淮南子·道应训》曰："宿沙之民，皆自攻其君，而归神农。"宿沙和神农之间发生冲突了，宿沙之民认为自己的首领错了，纷纷拥护神农，自攻其君。神农之德，由此可见一斑。

汉代流行谶纬思想，谶是方士们制造的图录隐语，纬是对儒家经书的神学解读和附会，如河图洛书、占星望气、祥瑞灾异、神化帝王等。纬书是汉代阴阳五行、天人感应学说盛行的产物，虽然充斥着神学迷信思想，但也保存了不少古代历史和社会资料，其中不乏炎帝神农氏的传说。《纬书集成·礼含文嘉》："神者信也，农者浓也，始作耒耜，教民耕种，德浓厚若神，故为神农也。""神农作田道，就耒耜，天应以嘉禾，地出以醴泉。"《纬书集成·春秋元命苞》："伏羲、女娲、神农，为三皇。""神农生，三辰而能言，五日而能行，七朝而齿具，三岁而知稼穑般戏之事。""少典妃安登，游于华阳，有神龙首，感知于常羊。生神子，人面龙颜，好耕，是谓神农。"《纬书集成·春秋命历序》："神农八世，而帝临、帝魁，互为存废。""炎帝号曰大庭氏，传八世，合五百二十岁。"《纬书集成·春秋内事》："炎帝号大庭氏，下为地皇，作耒耜，播百谷，曰神农也。"《纬书集成·孝经援神契》："神农长八尺有七寸，弘身而牛头，龙颜而大唇，怀成钤，戴玉理。"这些描述中"人面龙颜""龙颜大唇""三辰能言""五日能行"等为神格化的炎帝，"始作耒耜，教民耕种""作耒耜，播百谷"等则为人格化的炎帝。纬书呈现的炎帝神农形象人神杂糅，但神化色彩更为浓厚，是汉代神仙化上古帝王思潮的产物。

道教正式形成于东汉时期，是土生土长的中国宗教，更接近于民间信仰。在道教的神仙谱系中，炎帝占有一席之地。《真诰》云："炎庆甲者，古之炎帝也。今为北太帝君，天下鬼神之主也。"炎帝成了天下鬼神之主，这多少有些出人意料，以致陶弘景解释说："炎帝，神农氏，造耕稼，尝百药，其圣功不减轩辕、颛顼，无应为鬼帝。又黄帝所伐大庭氏称炎帝，恐当是此，非神农也。"陶弘景认为此炎帝非神农，乃大庭氏。陶弘景还说："炎帝大庭氏，讳庆甲。天下鬼神之宗，治罗酆山，三千年而一替。"
他认为酆都北阴大帝就是北太帝君，就是炎帝大庭氏。

（三）儒家

儒家文化层面的炎帝是一位以德服人的圣王。《新语·道基》云：

> 至于神农，以为行虫走兽，难以养民，乃求可食之物，尝百草之实，察酸苦之味，教人食五谷。

把炎帝视为开创文明的圣王。《春秋繁露·三代改制质文》曰："以神农为赤帝。……以轩辕为黄帝，推神农以为九皇。"这说明汉儒与基本不谈炎黄的先秦儒家已有明显的不同，体现出一种将炎黄传说与传统儒学糅合的时代倾向。两汉时期，炎帝神农氏开始进入儒家道统体系，并最终成为道统之祖。董仲舒在《春秋繁露·尧舜不擅移汤武不专杀第二十五》中提出了儒家的"义"者王天下的说法，他说："义者何世之王也？曰弗知。弗知者以天下王为无义者邪？其有义者而足下不知邪？则答之以神农。"应之曰："神农氏之为天子，与天地俱起乎。将有所伐乎？神农氏有所伐。可汤武有所伐独不可，何也？且天之生民非为王也，而天立王以为民也。故其德足以安乐民者，天予之。其恶足以贼害民者，天夺之。"借用神农与汤武的对比，描述了原始先民的政治生态，"天之生民非为王也，而天立王以为民也"，这应当是对原始先民政治的想象。这种想象赋予了儒家对帝王的道德要求。

在对神农统治时间的描述中，《汉书》基本上沿袭了《史记》的炎帝记载，前代文献中没有的主要有两处：一是《汉书·古今人表》把炎帝神农氏列为上上之人，即圣人；二是《汉书·艺文志》里有 6 种托名神农的著作，如《神农》《神农兵法》《神农黄帝食禁》《神农大幽五行》《神农教田相土耕种》等。《汉书·魏豹田儋韩王信传》赞曰："周室既坏，至春秋末，诸侯耗尽，而炎、黄、唐、虞之苗裔尚犹颇有存者。"强调了圣王世系与贵族血统，后者炎黄并称，其顺序与今相同，却与《国语·周语》中"黄、炎之后"的排序不同，当为炎帝与神农氏合并之产物。王符的《潜夫论》、应劭的《风俗通义》中有大量记述三皇五帝的内容，大多称引前代典籍，进一步传播了炎帝文化。《潜夫论·志氏姓》曰："炎帝苗胄，四岳伯夷，为尧典礼，折民惟刑，以封申、吕。"记述了炎帝的后裔世系。《风俗通义·三皇》引《含文嘉》记："神农，神者，信也。农者，浓也。始作耒耜，教民耕种，美其衣食，德浓厚若神，故为神农也。"《风俗通义·姓氏》曰："万类之中，惟人为贵。……盖姓有九：或氏于号，或氏于谥，或氏于爵，或氏于国，或氏于官，或氏于字，或氏于居，或氏于事，或氏于职。"其对氏姓的记述不限于黄帝、神农的直系后裔如尧、舜、禹等圣王，已经扩展到汉代，扩展到诸多姓氏。这说明汉代的姓氏已逐渐大众化，已不再是贵族的专利，愈来愈多的人可以循着姓氏的线索与炎帝等赫赫有名的圣王攀上亲缘关系。许慎之子许冲在进献《说文解字》时自称"曾曾小子，祖自炎神，缙云相黄，共承高辛"。张衡《东京赋》云："昔常恨《三坟》《五典》既泯，仰不睹炎帝帝魁之美。"颂扬了炎帝功德。马融《广成颂》曰："自黄炎之前,传道罔记,三五以来,越可略闻。"视炎黄为文明之祖。

（四）农家

关于农家的描述,最早见于《孟子·滕文公上》《有为神农之言者许行章》:

> 有为神农之言者许行,自楚之滕,踵门而告文公曰:"远方之人,闻君行仁政,愿受一廛而为氓。"文公与之处。其徒数十人,皆衣褐,捆屦织席以为食。
>
> 陈良之徒陈相与其弟辛,负耒耜而自宋之滕,曰:"闻君行圣人之政,是亦圣人也,愿为圣人氓。"
>
> 陈相见许行而大悦,尽弃其学而学焉。陈相见孟子,道许行之言曰:"滕君,则诚贤君也;虽然,未闻道也。贤者与民并耕而食,饔飧而治。今也滕有仓廪府库,则是厉民而以自养也,恶得贤!

农家学派许行、陈良与陈相等提出"君民并耕说",儒家学派陈良的弟子陈相与弟弟陈辛"负耒耜"也来到了滕国。两派同是向往仁政,表明儒家陈相是并不排斥农家的,于是就出现了"陈相见许行而大悦"的场面。甚至于"尽弃其学"改换门庭,投到农家行列。当然,孟子以此批判农家,颂扬尧舜,提倡社会分工,反对平均主义。《淮南鸿烈》把神农时期的政治描述为"天下均平",与《孟子》同。这应当是当时农家思想的实录。其文曰:"故神农之法曰:丈夫丁壮而不耕,天下有受其饥者。妇人当年而不织，天下有受其寒者。故身自耕，妻亲织，以为天下，先其导民也。……有余不足，各归其身衣食，饶溢奸邪不生，安乐无事，而天下均平。"①

《汉书·艺文志》收录"农家，《神农》二十篇"。其序曰："六国时诸子疾时，怠于农业道耕，农事托之神农。师古曰：刘向《别录》云'疑李悝及商君所说'。"班固认为："农家者流盖出于农稷之官，播百谷劝耕桑以足衣食。故八政一曰食，二曰货。孔子曰所重民食。此其所长也。及鄙者为之，以为无所事圣王，欲使君臣并耕，悖上下之序。"也就是说，在汉代君臣有别的前提下，神农为圣王，已不可能亲耕农桑。

《汉书·艺文志》又有《神农兵法》一篇（数术），《神农大幽五行》二十七卷（五行者，五常之形气也），《神农教田相土耕种》十四卷（杂占者）（方技者），《神农黄帝食禁七卷》（经方者），《神农杂子技道》二十三卷（神仙者，所以保性命之真而游求于其外者也。聊以荡意平心同死生之域）。

三、汉代石画像与神农祭祀

山东嘉祥武梁祠和沂南北寨画像石墓均有神农画像。东汉晚期的武梁祠位于山东嘉祥县武氏墓地，武氏家族为东汉的豪强，武梁祠西壁第一层刻有 11 位古帝王画像，从右至左，前三位为"三皇"，即伏羲女娲、祝融和神农，其中神农头戴进贤冠，左侧的榜题为"神农氏因宜教田，辟土种谷，以振万民"（见图一、

---

①《淮南鸿烈解》，卷十一。

图二）。

图一 　　　　　　　　　　　　　图二

　　与武梁祠画像的神农为农神属性相比，山东沂南县北寨画像石墓的神农体现的是尝百草，这里的百草非特指，可能与药、茶有关系。1956年发掘的东汉晚期沂南北寨画像石墓，在中室南壁东段画像第一层，左边的仓颉坐在大树下，四目，披发，右手横握柱于膝上，左手臂前伸，下有榜题"仓颉"；右侧一人坐于树下，披发，面向仓颉，手持仙草，下有一榜但无题（图三）。

图三

　　该图与四川新津宝子山墓4号石棺侧板的"仓颉与神农"画像表现一致，将两者作比较，可推断沂南北寨墓画像的仓颉对面也是神农，表现的是神农尝百草的场景。除了画像中的神农，作为粥用或饮用的茶，可能出现于汉画中的庖厨图和宴饮图。饮器、食器是炊煮、宴饮图像中必不可缺的重要器物和标识。由前所述的汉代茶器实物非专用，且目前的汉画像题记尚未有茶字，因此在画像上茶的食用和饮用的表现非特指。换言之，若画像存在茶的食用或饮用，则会以炊煮和饮用形式表现，类似山东诸城前凉台汉墓庖厨画像中的炊煮图。

　　神农炎帝从传说时代进入中国文化共同体认知，是从周武王以圣王体系代替殷商的先祖祭祀开始的。此后《周易》设计了一个历时性圣王体系，女娲氏、有巢氏、包牺氏、神农氏、黄帝。这个体系，是人类文明进化的不同阶段。女娲氏代表人类发展之初，后世神话中把这一时期视为混沌初开，人类开始出现，茹毛饮血，暴露于风雨之中。有巢氏带来了人类的第一次革新，人类学习筑巢穴，借助于自然的物质解决人类生存。伏羲氏开始发明了火，人类生存条件发生了大的改观。神农氏时期，人类开始进入农业文明时期，村落出现，贸易、娱乐、祭祀成为人类生活的重要组成部分。黄帝时代，国家形态开始形成，交通工具的发明，使人类生活空间得到了拓展，族群合作与战争也成为常态。圣王体系的构建成为中华民族意识共同认知的基础。

在铸造民族共同体意识的进程中，先秦诸子、史学家不约而同地把神农氏置于关键的一环。为了能够把这个环节补充完整，管子对传说时代的神农氏进行了新的阐释。在管子看来，神农氏发现五谷"致民利"，"化天下"是融合族群治理天下的重要因素，构建了超越"家"天下的文化与社会治理目标。《子华子》《列子》《庄子》诸书从文化制度、文化认同、文化一体化等方面描述了以神农形象为代表的上古圣王的整体性和一体化的趋向，神农形象的认同，成为不同族群融合的共同意识。当司马迁在《史记》中按照汉代西周以来"嫡长子继承制"来重塑上古圣王序列时，中华民族共同体意识在中原地区已成为统一性、整体性认知的方式，中原地区的各族群已经统一为整体的汉民族。形成了超越空间场域的、历时性的共同文化认知，即共同体意识，这是中华民族凝聚力形成的开端。中华民族共同体意识内涵包括四个：一是以民为本的利益追求，二是以不同族群共同繁荣为目标，三是整体性统一性的制度性方法，四是和谐发展。

第四节　魏晋南北朝医药、养生与神农形象的关联

魏晋南北朝医药进步很快，针灸普遍应用，药物品种增加，巫医活动、科学与迷信交杂。在国家战乱、玄学思想的双重影响下，服食养生也是当时士人的风尚，寻仙求药、服石行散普遍存在于当时的民俗。

高平人王叔和整理了张仲景《伤寒杂病论》，并创作《脉经》，推进了医药学的进步。王叔和，晋代医学家。名熙，以字行，高平人。生于东汉建安十五年，即公元210年。他学识渊博，为人诚实，是当时的太医令。南朝道教学者陶弘景撰成《本草经集注》将上、中、下三品分类改分为玉石、草木、虫兽、果、菜、米食六类，对植物的性味、产地、采集形态和鉴别等方面进行论述，列举了诸病通用药物80余种。

虽然魏晋时期图书编纂出版过程中已很少有"托名"的现象，但有意思的是，这一时期所有的医药学著述都把药学之始托于"神农"。

《伤寒论注释序》：

夫《伤寒论》，盖祖述大圣人之意，诸家莫其伦拟。故

晋皇甫谧序《旦乙针经》云：伊尹以元圣之才，撰用《神农本草》以为《汤液》，汉张仲景论广《汤液》为十数卷，用之多验，近世太医令王叔和，撰次仲景遗论甚精，皆可施用。是仲景本伊尹之法，伊尹本神农之经，得不谓祖述大圣人之意乎。

皇甫序《针灸旦乙经》：

夫医道所兴，其来久矣。上古神农始尝草木而知百药。黄帝咨访岐伯、伯高、少俞之徒，内考五脏六腑，外综经络血气色候，参之天地，验之人物，本性命，穷神极变，而针道生焉。其论至妙，雷公受业传之于后。伊芳尹以亚圣之才，撰用《神农本草》以为汤液。

追溯医药学至神农，应当和神农尝百草的传说有关，这个简单的归因论，完全跳出了历史的桎梏，对于战国时期托神农之名所著《神农本草》也给予了肯定。今天看来，《神农本草经》是人类长时间生活积累的产物，浓缩到魏晋时期人类生存的全部经验。这应当是神农形象的又一次升华，成为了医药之祖。

为了配合神农始祖形象的创造，人们还把这一时期的先进技术——医药炮制与神农联系在了一起，并创作了新的传奇故事。

南北朝时期刘敬叔《异苑》记曰：

隋县永阳有山，壁立千仞，岩上有石窟，古名为神农窟。窟前有百药丛茂，莫不毕备。又别有异物藤花，形似菱菜，朝紫、中绿，晴黄、暮青，夜赤、五色迭耀。

梁任昉撰《述异记》说：

> 太原神釜冈中，有神农尝药之鼎存焉。咸阳山中，有神农鞭药处，一名神农原，亦名药草山。山上紫阳观，世传神农于此辨百药。

这两则传奇故事所说的隋县、太原、咸阳一直到今天仍然是中药的重要产区。随着医药学水平的提高，这些传奇在神农尝百草的基础上，进一步提升了神农与百草的关系，从尝百草到以鼎炮制药，到石室中百药共生，是魏晋医药水平进步的标志。

服食养生是魏晋南北朝时期士人的一种风尚。魏晋时以服五石散为主，东晋南北朝则以寻求仙药、炼制金丹、追求长生不老为主要目标。因为医药和神农的关系，神农再次被尊为"养生"鼻祖，可以指导人们养生，且提出了具体的养生理论。

嵇康《养生论》说：

> 故神农曰"上药养命，中药养性"者，诚知性命之理，因辅养以通也。

在这段话当中，嵇康在追问饮食之特性对于人之形体影响的同时，亦追问如何才能减少或避免这些影响。《神农本草经》并没有相类似的话，嵇康所说也只是从《神农本草经》分为上、中、下三品而论。养生之法，取法于药，用药之法托名于神农，神农的形象又被赋予新光环。沿袭嵇康的养生说，晋代葛洪《抱朴子》单列《仙药》一门，说：

> 神农四经曰，上药令人身安命延，昇为天神，遨游上下，使役万灵，体生毛羽，行厨立至。又曰，五芝及饵丹砂、玉札、曾青、雄黄、雌黄、云母、太乙禹馀粮，各可单服之，皆令人飞行长生。又曰，中药养性，下药除病，能令毒虫不加，猛兽不犯，恶气不行，众妖并辟。又孝经援神契曰，椒姜御湿，菖蒲益聪，巨胜延年，威喜辟兵。皆上圣之至言，方术之实录也，其文炳然，而世人终于不信，可叹息者也。

葛洪《抱朴子·极言》："仙经曰：'养生以不伤为本。'此要言也。神农曰：'百痾不愈，安得长生。'信哉斯言也。"①葛洪的言论进一步放大了神农在中国传统文化中的地位，不仅是创世，更成为后世关于医药、养生的重要来源。自此以后，凡与植物发现有关的事迹都归之于神农了。这也是唐代陆羽把其追溯为茶祖的原因。

---

①《抱朴子内外篇》，内篇卷三。

第五节　神农茶祖形象的民间叙事

唐代陆羽《茶经》载："茶之为饮，发乎神农氏，闻于鲁周公。"其解释说：《神农食经》："荼茗久服，令人有力，悦志。"这是神农形象的再次创新。在祖宗崇拜为重要内容的文化思维中，文明总是忽略掉所有的细枝末节，简单地把文明发展的节点归结于历史的原点。正如所有与农业文明相关的内容，历史演义都会追溯到神农氏。北齐贾思勰《齐民要术自序》："盖神农为耒耜，以利天下；尧命四子，敬授民时；舜命后稷，食为政首。"①将"利天下""安其民"归之于神农是《史记》以来的文化传统，《茶经》虽不能与《齐民要术》相提并论，但仍有归"茶"于"经"的目的，因此"茶之为饮发之神农"也就是习惯性的叙事方式了，主要目的是借神农形象提高茶饮的文化品质和文化地位。自此以后，神农为茶祖，以神农传说为母题的茶神故事开始流行。

一、以"解毒"为母题的"茶"故事

在民间叙事中，当代关于"茶"起源传播最广的是神农有个

---

①《齐民要术·自序》。

水晶般透明肚子的故事。很早以前，中国就有"神农尝百草，日遇七十二毒，得荼而解之"的传说。说的是神农有一个水晶般透明的肚子，吃下什么东西，人们都可以从他的胃肠里看得清清楚楚。那时候的人，吃东西都是生吞活剥的，因此经常闹病。神农为了解除人们的疾苦，就把看到的植物都尝试一遍，看看这些植物在肚子里的变化，判断哪些无毒哪些有毒。当他尝到一种开白花的常绿树嫩叶时，就在肚子里从上到下，从下到上，到处流动洗涤，好似在肚子里检查什么，于是他就把这种绿叶称为"查"。以后人们又把"查"叫成"茶"。

这个故事，既写了茶的药性，也写出了"荼"区别于茶的来历，虽然荒诞，但其仍不离"神农尝百草，得荼而解之"的母题，而由"荼"而命名为茶，非有别称，《方言》所说："蜀西南人谓荼曰蔎。""蔎""茶"声母相近，一声之转，随着蜀西茶叶的外销，方言也得以流行，故茶之外衍声出"茶"字。

"荼"的神性，以及其在信仰、礼仪及生活中重要的作用和价值，决定了"荼为茶之祖"，亦便有了陆羽《茶经》"茶之为饮发乎神农"，以神农为茶之祖了。"荼"草本茶饮，如何演变成为今天木本茶饮的呢？这和神农又有什么样的关联呢？我们找到几则神农氏与茶的传说。

（一）鄂西神农架区域传说

相传神农氏为了百姓安危，不惜亲身验证草木的药性，历尽艰险，遍尝百草，一日遇七十二毒，正值舌麻头晕、生命垂危之际，一阵风吹过，清香缕缕，有几片鲜绿的树叶落下，神农放入口中，顿时神清气爽，诸毒遂解。神农发现了茶，并将之命名为茶。

民族志式口头叙事，更多表现为区域文化和区域社会结构的重要阐释，记录内容集中在区域文化起源、迁徙史，区域物产、家族史等有限的事件中，叙述者并不是亲历者、见证者，而是事件的传播者，口头叙事并不关注叙事逻辑和客观精确的时间、人物、事件。口述叙事和口头文学都是区域物质文化发展过程中形成的精神产品，前者重在"记录"，后者重在"抒情"。应当注意的是，和宏大历史口述史有着"参与""亲历""见证"不同，村落口头叙事中"历史事件"的叙述已经没有了叙述者的影子，叙述者与"参与"人关系很模糊，甚至没有关系；"当事人""见证者"更多指向物质文化遗产、公共遗存、家族遗存。口头叙事更像是流行故事的"模写""拼接"，或是"认领"一段传说、传奇。"认领"这个词，想表达的意思有两个，一是这个故事在很多区域都在说，甚至是广为流传的故事。二是不知从何时开始，特定区域中的人把这一故事当成自己区域的历史来讲述。"认领"的原因很复杂，但结果是得到了区域内的集体认可，成为今天区域的口头叙事。毫无疑问，这个故事是摹写"神农尝百草，日遇七十二毒，得茶而解之"而来的，这个摹写方式和鄂西神农架茶叶生产有关联，加之这一带也盛传神农的故事。神农炎帝起源于高平羊头山，是中国农业社会发展最终累积而成的当时最高形态的有代表性、权威性的组织形态。而农业文明的模式随着气候的稳定，野生植物的驯养，锄耕、灌溉等农耕技术的推广，形成了以神农氏为核心的农业文明文化区域，正如新石器时代群星灿烂的景象一样，此时神农氏为名的农业文明也遍及大江南北，可以说神农氏是农业文明的象征，农业发达之区域皆号神农。而神农的故事在不同的区域，嵌入了鲜明的区域物产、生活、地形、地貌特点。

（二）安徽茶区黄山毛峰的由来传说

很早以前，神农到黄山采药，尝百草时不幸中毒，山神感其德行高尚，便遣茗茶仙子用圣水泡茶给神农饮服以解毒。神农得救后深为感激，离山时把一白莲宝座送给了茗茶仙子。从此，每当茗茶仙子巡视茶山时，白莲宝座就化作云朵随行，而黄山毛峰因此终年云雾滋润，品质特别优良，冲泡时，热气升腾中会现出白莲花奇景。①

这个故事从结构上讲是两个故事的拼接，隐含叙事者试图把茶发之于神农这件事和佛教文化联系起来，于是故事就有了两个主体，神农和茗茶仙子。当然，泡茶的历史更晚，黄山毛峰冲泡要在宋以后才会出现。

（三）大红袍、碧螺春、白牡丹茶、白毫银针

大红袍茶名故事。古时候有个秀才进京赶考，路过武夷山时病倒在路上，正遇天心庙老方丈下山化缘，就叫人把他抬回庙中。方丈见他脸色苍白，体瘦腹胀，就将九龙窠岩壁所产茶叶，用沸水冲泡，给秀才喝。几碗下肚，果见奇效，秀才不但很快就恢复了健康，而且感到头脑特别清醒好用。临走时，秀才感激地对老方丈说："方丈的救命之恩，小生定当拜谢。小生若今科得中，定要重返故地，修整庙宇，再塑金身！"不久，秀才果然金

---

①陈珲、吕国利：《中华茶文化寻踪》，北京：中国城市出版社，2000年，第16页。

榜题名，得中头名状元，他回天心庙还愿谢恩时，又带回一些九龙窠岩壁所产之茶。回京后，状元见京城一片慌乱，经打听方知皇后犯病，百医无效。一问病情，乃肚疼鼓胀，饮食无味。状元忙向皇上陈述武夷茶之神功，并将带来的那罐茶叶呈给皇上。皇上马上命人熬煮令皇后服下。说也怪，皇后饮茶以后，但觉同肠荡气，痛止胀消，沉疴祛除，皇上大喜，命状元前往嘉赏。状元至九龙窠以红袍盖茶，顶礼膜拜，揭袍后，见茶树焕发红光，大红袍由此而得名。从此，武夷岩茶中的珍品大红袍身价日高，成为无价之宝。

碧螺春的由来。相传很久以前，西洞庭山上住着一位美丽、勤劳、善良的姑娘，叫碧螺，与东洞庭山上的一个叫阿祥的青年渔民相爱。一年初春，太湖中有一条恶龙作怪，还扬言要碧螺姑娘做他的"太湖夫人"，搞得太湖人民日夜不得安宁。为了除掉恶龙，阿祥与之斗了七天七夜，终于斗败了恶龙，但勇敢的阿祥却身负重伤，生命垂危。为了挽救心爱的阿祥的生命，美丽的碧螺姑娘亲自上山采来了茶树的嫩芽，冲泡给阿祥喝。纯正清馥的茶香沁人心脾，阿祥喝后精神大振。以后十余日，碧螺姑娘天天上山采摘茶芽，喝了数日茶汤后，阿祥的重伤很快痊愈，而碧螺却因劳累过度离开了人世。悲痛欲绝的阿祥将碧螺埋在洞庭山的茶树旁。人们为了纪念碧螺，就把洞庭山所产的名贵茶叶取名为"碧螺春"。

白牡丹茶有润肺清热之功效，常当药用。传说这种茶树是由白牡丹花变成的。在西汉时，有位名叫毛义的太守，清正廉洁，刚直不阿，因看不惯贪官当道，于是辞官随母去深山老林归隐。

母子俩来到一座青山前，只觉异香扑鼻，便向路边的一位鹤发童颜的老者探问。老人指着莲花池畔的18棵牡丹说，香味就源于它们。母子俩见此处仙境一般，便留了下来，建庙修道，护花栽茶。一天，母亲因年老加上劳累病倒了，毛义焦急万分，四处寻药，均不见效，且仍为了母亲，仍到处奔走。有一次，他感到非常疲劳，就倒在路旁睡着了，梦中又遇见了那位白发银须的老者。老人告诉他："治你母亲的病须用鲤鱼配新茶，缺一不可。"毛义醒来，回到家中，母亲对他说，方才梦见一仙翁告诉自己，必须吃鲤鱼配新茶病才能好。母子两人同做一梦，此事绝非巧合，他们认定此乃仙人指点。这时正值隆冬季节，在池塘里破冰则可以捉到鲤鱼，但到哪里去采新茶呢？正在为难之际，那18株牡丹竟变成了18棵仙茶树，树上长满了嫩绿的茶叶。毛义立即采下晒干，说也奇怪，毛茸茸的茶叶竟像是朵朵白牡丹花，且香气四溢，煞是可爱。毛义立即用新茶煮鲤鱼给母亲吃，母亲的病果然好了。她嘱咐儿子好生看管这18棵茶树，说罢便飘然飞去，变成了掌管这一带青山的茶仙，帮助百姓种茶，为穷人治病。后来为了纪念这母子俩，人们在山上建起了白牡丹庙，把这一带产的茶叫做"白牡丹茶"。长期以来，"白牡丹茶"的故事一直在民间广为流传，而白牡丹茶也被后人深深地喜爱。

　　白毫银针也是产于福建的一种名茶。传说很早以前，福建的正和县一带久旱不雨，瘟疫四起，许多百姓染上了疾病却无法医治，他们只好冒着危险，去附近的洞宫山上寻找一种据说能医治百病的仙草，但全都有去无回。有户人家的三兄妹志刚、志诚和志玉，商定轮流去找仙草。一天，大哥志刚来到洞宫山下，路边的一位老爷爷告诉他说："仙草就在山上的龙井旁，上山时只能向前，不能回头，否则就采不到仙草。"志刚一口气爬到了半山腰，只见满山怪石，阴森恐怖。忽然，他听见一声巨吼："你是谁，竟敢私闯我仙山！"志刚大惊，不觉猛一回头，霎时，他已变成了乱石岗上的一块新石头。不见大哥回来，老二志诚又接着去找仙草，到了半山腰时，由于回头，他也变成了一块巨石。找仙草的重任最终落到了小妹志玉的头上，她出发后，途中也遇见了白发爷爷，同样告诉了她千万不能回头的话，与前两次不同的是老爷爷还送给了她一块烤糍粑。向白发老人致谢后，志玉一鼓作气登上了乱石岗。当令人惊恐的声音在她的耳畔响起时，她用糍粑塞住了耳朵，坚决不回头，终于爬到了山顶，来到了龙井旁，采下了井草的嫩芽，并用井水浇灌仙草，仙草顷刻开花结籽。志玉采下种子，立即下山。同乡后，她把种子种在门前的山坡上，不久，仙草破土而生，山上郁郁葱葱，一片生机。正是这些神奇的仙草治愈了疾病，救了乡亲们的命。此后，当地的人民祖祖辈辈种植这种井草，并给其取了一个十分美妙的名字：白毫银针。

二、"神农之时天雨粟，神农遂而耕之"为母题的茶故事

清马骕《绎史》此《周书》说："神农之时天雨粟，神农遂而耕之。"这是一个圣人神话，主人公神农有着非凡的力量，他可以用神力去召唤神灵，从而为人类创造出新的命运。晋代王嘉《拾遗记》则对这个故事进行了改造，他说："炎帝时有丹雀衔九穗禾，其坠地者，帝乃拾之，以植于田，食者老而不死。"这个

故事在今天羊头山为中心的古上党区域非常流行，有着各种版本，有的鸟是全身通红的，有的是九头鸟，有的传说是凤凰。这样的故事转引入茶故事中，就有了西湖龙井、铁观音等民间故事。

关于龙井茶的产生，有着一个十分美好的传说。很久以前，杭州西湖龙井村一带还是荒凉的小山庄，村里住着几十户贫穷人家。住在村头的是一位80多岁的老阿婆，她无儿无女，无依无靠，成年累月精心呵护她房子后面的18棵老茶树。贫苦的老阿婆乐善好施，一年到头为过路的行人施茶，她的善行感动了天上的神仙。有一天，神仙来到老婆婆家中，在一只石臼中放了些看似垃圾的宝贝，老婆婆将这些宝贝埋在茶树根下，到了来年春天，老阿婆屋后的18棵茶树，枝繁叶茂，茶芽鲜嫩，闪闪发光。制成的茶叶冲泡后，茶汤清澈，香气扑鼻，令人叫绝。后来，街坊四邻都将从老阿婆处得来的茶籽在远近的山坡上种植，于是龙井一带漫山遍野布满了碧绿苍翠的茶园。茶农们将此茶园采摘的茶芽制成了龙井茶。这似佳人的佳茗千古流芳，享誉中外，是绿茶中难得的珍品。

不难看出，这个故事只是改变了一个身份，其母题中的数字、善行、结果都基本一致。从神农炎帝到普通阿婆的形象转变，赋予了茶故事更多的伦理意义和教化思想，这是儒家伦理思想世俗化与神农炎帝故事的嫁接。这种讲故事的方式是明代以来中国民间故事的讲述方法，如黄山毛峰与正志和尚的故事。

明代天启年间，江南黟县县令熊开元去黄山游玩，与云谷寺方丈慧能相见，长老亲自上山采来嫩绿清香的茶芽，用沸水冲泡后给县令斟上，只见杯中热气蒸腾，白莲秀出，然后，如云雾般冉冉飘散。轻轻啜饮，更觉清纯爽口，沁人心脾。经询问得知该茶是黄山特产云雾茶，于是赞叹不绝。离开云谷寺时，长老赠与他云雾茶一包，黄山泉水一葫芦。返回后，恰逢太平知县来访，便冲泡名茶与之共享。谁知太平知县却是个贪心之徒，为了邀宠，将熊知县相送的黄山云雾茶献于皇帝。但是，由于没有黄山泉，茶叶冲泡后并未显现出白莲奇景，于是龙颜大怒。太平知县把责任一股脑全推到熊开元身上，使得熊开元险些成了刀下之鬼。后来，熊开元远赴黄山取来泉水，让皇帝亲睹茶叶冲泡后白莲花出现的奇景，皇帝才转怒为喜，拍案叫绝，并将熊开元官职提升为三品。但熊知县却从名茶清高的品质中得到启示，断然辞官，远离红尘，削发为僧，在云谷寺出家，法名正志。今天，每当人们品尝精美的黄山毛峰时，总会情不自禁地想到这个与黄山毛峰有关的故事。

同样是明代开始流传的茉莉花茶也有着同样动人的故事。传说茉莉花茶由北京茶商陈古秋所创制。陈古秋怎么想出把茉莉花加到茶叶中去的呢？一年冬天，陈古秋邀来一位品茶大师，和他一起探讨北方人喜欢喝什么茶。正在评论之际，陈古秋忽然想起有位南方姑娘曾送给他一包茶叶，至今尚未品尝，于是便找出那包茶来放入茶碗中冲泡，请大师品尝。碗盖一打开，先是异香扑鼻，接着在冉冉的热气中，出现一位美丽的姑娘，两手捧着一束茉莉花，一会儿工夫，姑娘消失了，又变成了一团热气。此情此景令陈古秋十分惊讶，他忙向大师请教。大师笑着说："这乃是茶中极品'报恩仙'。"此话提醒了陈古秋，使他想起了一件事情。三年前，他去南方购茶，夜晚在一客店住宿，遇见一位孤苦伶仃的少女，那少女声泪俱下地诉说了家中停放着父亲的尸体无钱安葬。陈古秋深表同情，便给了她一些银子，让她去料理父亲的后事。今春，他又去南方，客店老板转交给他这一小包茶叶，说是那位少女送的，陈古秋带回一直没有冲泡，不料此茶却是珍品。大师告诉陈古秋说："制成这种珍品茶是要耗尽人的精力的，这姑娘你可能再也见不到了。"陈古秋说："当时我问过客店老板，老板说那姑娘已经死了一年多了。"两人深为感叹。但令人不解的是为什么姑娘要捧着茉莉花呢？为了破解这个谜团，两人又重复冲泡了一遍，那位手捧茉莉花的姑娘又再次出现。陈古秋品茶时忽然悟道："这乃是茶仙的提示——茉莉花可以入茶。"后来，陈古秋将茉莉花加到茶中，果然制成了芬芳诱人的茉莉花茶。

当然茶文化的故事也受到了其他文化的影响，佛教、道教都有着自己的叙述方式和叙事母题。铁观音命名来自一个美好的传说。相传在古代的武夷茶乡有个茶农名魏兴，他对观音菩萨可虔诚了。每天清晨，他所做的第一件事就是在观音座前插上三炷香，逢年过节，还得外加一对红烛和几碟果品素菜以及一大碗清香四溢的武夷茶。魏兴的虔诚得到了观音的回报，先是保佑他得了个胖小子，后来又使他得病的妻子转危为安。一次魏兴的房子被一场山火烧得精光。富足之家顿时变得一贫如洗。面对飞来的横祸，魏兴不怨天，不怨地，他从废墟中千方百计地寻找观音的神像，神像一找到，便用布擦洗得干干净净，然后再搭起一座小佛堂，将其供奉起来。魏兴的诚心使观音大受感动。一日观音托梦给魏兴，说是赠给他宝茶一株，叫他赶快去取，并嘱咐如何栽种，如何管理就可以致富。魏兴立即上山，寻找宝树，可哪里有宝树的踪影？就在他失望至极，准备下山时，忽然发现近处山岩裂缝处有一株生长奇特、叶片闪着绿光的茶树。魏兴小心翼翼地挖回了宝树，栽于自家后院茶地里。5年后，茶树生长繁茂，其叶茂盛，鲜嫩可爱。魏兴将第一次采摘的叶片制成茶叶，那茶的色、香、味堪称一绝。后来，这种茶树便在武夷山繁殖生长，极受当地茶农的喜爱。由于这茶是观音梦中所赐，故命名为"铁观音"。

这个故事是佛教虔诚信仰的母题。随着饮茶风俗的流行，还会生出更多的民间故事，但神农炎帝母题将始终是茶起源讲述的主要方式。

第六节 神农茶祖形象的文化认同

在神农创世神话体系中，神农炎帝尝百草神话传播与茶祖神农形象的确立，是农业文明中食药同源、食药分离、草本药茶与木本茶叶析分的过程，也是农业文明变迁的重要内容，是农耕文明基础上衍生出的对生活认知与文化认同，是影响中国传统社会的重要话语体系。

一、神农尝百草神话与人类医学的起源、草本药学的认同

神农尝百草神话强化了社会整体对自然界的认知，随着对自然界认识的深入，人们首先从食物中发现了具有治疗作用的植物药和动物药。汉代农业生产得到了极大的发展，西域引进的农作物品种也得到了广泛种植。农作物的大规模生产，要有社会广泛认同，神农尝百草的神话便于植物品性、生产、消费认知的传播，也便于形成社会的整体认同。也正是基于此，中国医学史也把这一神话视为医学开始的标志。陈邦贤认为："中国在上古时即有医药，或说姓于神农，或说始于黄帝，当时民智未启，居处没有定所，未识耕种畜牧之法，以自然产生的植物，拿来做生活的资料，其中含有催吐或促泻的植物，也拿来做食品。神农氏在这时候，辨别某种能催吐，某种能促泻，某种草木不可当做食

料，并且用催吐的草木治心窝苦闷的疾患，用促泻的草木治腹胀便闭的疾患，这都是医药知识的滥觞。所以史记纲鉴都说是神农尝百草始有医药。"①这一论断揭示了神农尝百草的文化意义和价值，也是对这一神话最好的解释，符合历史认知的范式。

《山海经》是先秦的重要地理学著作，其中保留了人类生产生活中对草木品性的认知，这些认知应该是神农尝百草神话传播的基础。《山海经》记录草木品性近百条，择其最有代表性陈述于下：

> 草有草荔，状如乌韭而生于石上，亦缘木而生，食之已心痛。
> 其草多条，其状如葵而赤花黄实，如婴儿舌，食之使人不惑。
> 有草焉，名曰蕢草，其状如葵，其味如葱，食之已劳。
> 其上有木焉，名曰文茎，其实如枣，可以已聋。
> 历儿之山，其上多檀多枥木，是木也，方茎而员，叶黄华而毛其实如拣，服之不忘。

正是在这样的认知基础上，三国两晋时期对神农尝百草的神话进行了新的解释和演义。干宝《搜神记》："神农以赭鞭鞭百草，尽知其平毒寒温之性，臭味所主，以播百谷，故天下号神农也。"张华《博物志》："神农经曰上药养命，谓五石之练形，六

---

①陈邦贤：《中国医学史》，上海：商务印书馆，1937年。

芝之延年也。中药养性，合欢蠲忿，萱草忘忧。下药治病，谓大黄除实，当归止痛。夫命之所以延性，之所以利病，之所以止当，其药应以病也，违其药失其应，即怨天尤人。"尝百草神话的再次演绎，把五谷的发现引向了日常生活，神农尝百草神话更具体化、形象化。从谷物的发现，再到各种植物品性的发现，从而扩展到人的修身，性命之学，是符合魏晋玄学关于先知想象的。应当说，魏晋时期神农尝百草神话获得了新意义。魏晋玄学以王弼、郭象为代表，考究形名、言意之论，以道家思想来解释儒学理念，因此上古圣人就成为这一理论的重要佐证，这也是魏晋神话系统再次丰富的动机。王弼"以性统情"，认为人能"物物而不物于物"，因此干宝的《搜神记》中，神农"物物"，"以赭鞭鞭百草"而尽知其"性"。张华《博物志》则把生活中的医学经验附会神农，这也是"食药同源"养生观最早的表述。嵇康《养生论》则提出："神农曰上药养命，中药养性者，诚知性命之理，因辅养以通也。"①嵇康借神农尝百草的神话，谈其顺从自然，性命之理，是对这一神话内涵的进一步阐释。

二、神农茶祖形象的认同与唐代茶叶市场形成

神农茶祖神话姶自唐朝。唐陆羽《茶经》说："茶之为饮发乎神农氏，闻于鲁周公，《神农食经》'茶茗久服令人有力悦志'。"这是一个很有意思的文化现象，唐朝再次充实神农尝百草的神话内容，把神农推上茶祖的地位，促进了唐朝茶叶市场形

---

① (魏)嵇康:《嵇中散集》四部丛刊本,上海:商务印书馆,1912年。

成。

　　中国历史上，茶叶及其消费出现较晚。晋人郭璞《尔雅义疏》云："槚，苦荼。注曰：树小如栀子，冬生叶可煮作羹饮，今呼早采者为荼，晚取者为茗，一名荈，蜀人名之苦荼"，"今蜀人以作饮"。这是有关茶饮最早的记载。唐陆羽《茶经》说："其名一曰茶，二曰槚，三曰蔎，四曰茗，五曰荈。"正与郭璞注疏相同。据此，今天学术界认为，四川是最早生产并饮用茶叶的地方。魏晋南北朝时，茶叶的影响渐渐扩大。到了唐朝，南方经济得到了发展，成为重要的粮食输出区，与此同时，茶叶生产与消费也迅速提升。唐代封演说："开元年间因佛寺学禅务，寺僧饮茶，各地竞相仿效，形成了饮茶风俗。""茶为食物，无异米盐，于人所资，远近同俗。既祛渴乏，难舍斯须。田间之闻，嗜好尤切。"越来越多的城乡居民大量消费茶叶。"自邹、齐沧、棣，渐至京邑，城市多开店铺，煎茶卖之，不问道俗，投钱取饮。……穷日尽夜，殆成风俗。"[①]

　　不难看出，饮茶和神农尝百草神话完全不同，但陆羽借用了这一神话，使饮茶获与上古神灵相契合，饮茶受到了人们的普遍重视，将茶叶提高到了仙品的地位，与五谷等必要的食物同等重要，因此茶叶的生产、用具也应当像农业生产一样受到神仙的指导，于是才会有陆羽所言的茶品质的不同，生产方法的不同。神农茶祖形象和神农尝百草神话相结合，再添加鞭草、神兽、升仙

---

①（唐）封演：《封氏见闻记》，《景印文渊阁四库全书》，台湾商务印书馆，1983年。

等情节，最终形成一个新的神话雏形，这就是炎帝神农"日遇七十毒，得荼而解之"。神农茶祖的形象得到了普遍的认可。

随着茶叶全国市场的形成，茶叶种植技术的提升，南方木本茶叶成为茶饮的主流，而草本茶饮渐渐失去了市场，转而归为药茶。明代《普济方》单列药茶类，其制作方法多依茶法，夏采、蒸熟、焙干碾为末。今天在神农炎帝神话流行的山西高平市，民间仍保有独特的"黄金茶"采制之法。春季草木初萌，采茶人早晨至山之阳，随行随采，取生于石间之嫩芽、新叶，灌木之新叶，蒸熟、焙干，饮用时以热水冲泡，可预防及治疗疑难杂症。神农尝百草神话渗入人们日常生活中，成为传统文化的重要组成部分。当然高平"黄金茶"传统也和高平市多样化植物生态有关。今天在羊头山附近，随处可见草木樨、凤毛菊、鹤草、猪毛草、虎尾草、前胡、丹参、麦冬、决明子、板蓝根、紫苏等植物。据统计，在山西东南部地区有近360多种中药材，是全国中药材重要产地。山西药茶就是在这一独特生态系统中形成的一种文化传统。

神农尝百草神话的创建和神农茶祖形象的塑造，是中国传统社会发展过程中神话本系与社会文化思想互动阐释的结果，在生产力落后、科技水平较低的历史时期，神话的阐释与创造，神话传播与思想传播相融合，促进了社会经济与文化的发展。

——第三编——

《神农本草经》的研究

第一节　《神农本草经》与人类早期的饮食文化

神农尝百草在历史语境中呈现出新的书写内容。统观这些历史书写，不难看出其中包含了更多的圣王情怀。《神农本草经》是现存最早的本草学专著，也是中药发展历史上的一座里程碑。《神农本草经》最初的版本虽已亡佚，但其内容已被保存在后世多本著作中。现在我们能看到的都是明清之后的辑复本，《神农本草经》记载了365种药，包括草、谷、米、果、木、虫、鱼、家畜、金石等，其中植物药252种，动物药67种，矿物药46种。《神农本草经》全书云约13000字，由两部分组成。第一部分为序录，类似现代药学著作的总论。短短几百字，涉及中药的基础理论，如四气五味、七情配伍、君臣佐使等，还有药材生长环境、采收加工、调剂剂型、服药时间、药物治疗等多个方面，都可以追溯于此。以四气五味为例，四气指的是寒热温凉，五味指的是酸苦甘辛咸。这是一个中药的基本定位，关键属性，恰好似经纬度一样，明确了定位与方向。

序录指出处方用药时应注意药性，分别多寡、主次："药有君臣佐使，以相宜摄合和。宜一君二臣三佐五使，又可一君三臣九佐使也。"对药物配伍禁忌方面，也说得很详细："有单行者，有相须者，有相使者，有相畏者，有相恶者，有相反者，有相杀者，凡此七情。合和视之，当用相须相使者良；勿用相恶，相反者。若有毒宜制。可用相畏相杀者，不尔勿合用也。"

在采药、制药、用药等方面，强调采药时则应注意药性、时间、产地、干燥、真伪，"药有酸咸甘苦辛五味，又有寒热温凉四气，及有毒，无毒，阴干，暴干，采治时日，生熟、土地所出，真伪陈新，并各有法。"

制药时也要注意药性，"药性有宜丸者，宜散者，宜水煮者。宜酒渍者，宜膏煎者。亦有一物兼宜者，亦有不可入汤酒者，并随药性，不可违越。"

在用药方面，更应慎重其事。应先察病源：病源不清，不可乱用药物。"欲治病，先察其源。先候病机。五脏未虚，六腑未竭，血脉未乱，精神未散，服药必活。若病已成，可以半愈。病势已过，命将难全。"

在病源病机察清楚后，用药时："治寒以热药，治热以寒药。饮食不消以吐药，鬼注蛊毒以毒药，痈肿疮瘤以疮药，风湿以风湿药，各随所宜。"

关于剂量问题，则说"若用毒药疗病，先起如黍粟，病去即止。不去则倍之，不去则十之。取去为度"。

服药时间，因病而异："病在胸隔以上者，先食后服药，病在心腹以下者，先服药而后食；病在四肢血脉者，宜空腹而在旦，病在骨髓者，宜饱满而在夜。"

《神农本草经》所奠定的中药基础理论成为后世2000年的药学发展的主旋律，一直指导着临床实践。《神农本草经》第二部分是各论，共收录365种药物，说来很好记，365以应周天之数。

这些药物又被分成了上、中、下三品。每味药物下的条文，不再是抽象的理论。拿着这些药，是要直接用于临床检验，直接面对患者进行验证的。

上品120种，无毒，大多属于滋补强壮之品，如人参、甘草、地黄、大枣等，轻身益气延年。以人参为例：人参，味甘，微寒。主补五脏，安精神，定魂魄，止惊悸，除邪气，明目，开心益智，久服轻身延年。简言之，人参的功能在于补气，补脏腑之气，能生津止渴，可安神益智。同时，书中还介绍了人参的生长环境。

中品120种，无毒或有小毒，其中有的能补虚扶弱，如百合、当归、龙眼、鹿茸等；有的能祛邪抗病，如葛根、麻黄、黄芩等。以葛根为例：葛根，味甘，平，主消渴，身大热，呕吐，诸痹。起阴气，解诸毒。《神农本草经》记述葛根有解肌退热、生津舒筋之功，故"主消渴，身大热，呕吐，诸痹"诸证。葛根主上升，既主解表解肌热，又能升阳止泻，主清气下陷之泄泻。张仲景《伤寒论》中的葛根汤，是临床上治疗风寒感冒的常用方剂。

下品125种，有毒者多，能祛邪破积，如乌头、甘遂、巴豆等，不可久服。以巴豆为例：巴豆，味辛、温，主伤寒，温疟，寒热。破坚积，留饮，痰癖，大腹水胀，荡涤五脏六腑，开通闭塞，利水谷道。《神农本草经》将巴豆作用叙述得非常完备。这些描述和我们从《诗经》中记载的葵、韭、荸、芹、薇等食用植物有很多相同的内容。

第二节 《神农本草经》与中医药学的发展

现存最早的本草专著当推《神农本草经》（简称《本经》），一般认为该书约成于西汉末年至东汉初年（公元前一世纪~公元一世纪），一说是该书成书于东汉末年（公元二世纪）。《神农本草经》序论简要地论述了中药的基本理论，如四气五味、有毒无毒、配伍法度、辨证用药原则、服药方法及丸、散、膏、酒等多种剂型，并简要介绍了中药的产地、采集、加工、贮存、真伪鉴别……为中药学的全面发展奠定了理论基础。书中新载药物大多朴实有验，至今仍然习用，如常山抗疟、苦楝子驱虫、阿胶止血、乌头止痛、当归调经、黄连治痢、麻黄定喘、海藻治瘿等等。可以说，《神农本草经》是汉以前药学知识和经验的第一次大总结，奠定了我国大型本草的编写基础，是我国最早的珍贵药学文献，被奉为四大经典之一，它对中药学的发展产生了极为深远的影响。

两晋南北朝时期（420~589）：自《神农本草经》成书以后，历经后汉、三国、两晋至南齐，由于临床用药的不断发展，以及中外通商和文化交流，使西域南海诸国的药物如乳香、苏合香、沉香等香料输入我国，新的药物品种逐渐增多，并陆续有了零星记载，对原有的药物功效也有了新的认识，增加了药物的治疗面。经过长期的临床实践，证明部分药物的性味、功效等与原来的记述不尽相同。因此，陶弘景（456—536）在整理注释经传抄错简的《神农本草经》的基础上，又增加汉魏以来名医的用药经验（主要取材于《名医别录》），撰成《本草经集注》一书，"以朱书神农，墨书别录"，小字加注的形式，对魏晋以来300余年间中药学的发展做了全面总结。全书7卷，载药730种，分玉石、草、木、虫兽、果菜、米食、有名未用7类，首创按药物自然属性分类的方法，改变了"三品混糅，冷热舛错，草木不分，虫兽无辨"的现象。对药物的形态、性味、产地、采制、剂量、真伪辨别等都做了较为详尽的论述，强调药物的产地与采制方法和其疗效具有密切的关系。该书还首创"诸病通用药"，分别列举80多种疾病的通用药物，如治风通用药有防风、防己、秦艽、川芎等，治黄疸通用药有茵陈、栀子、紫草等，以便于医生临证处方用药。此外本书还考定了古今用药的度量衡，并规定了汤、酒、膏、丸等剂型的制作规范。本书是继《神农本草经》之后的第二部本草名著，它奠定了我国大型本草编写的雏形，惜流传至北宋初即逐渐亡佚，现仅存敦煌石窟藏本的序录残卷，但其主要内容仍可在《证类本草》和《本草纲目》中窥测。近代有尚志钧重辑本。

　　南朝刘宋时代（420~479）：雷敩的《雷公炮炙论》是我国第一部炮制专著，该书系统地介绍了300种中药的炮制方法，提出药物经过炮制可以提高药效，降低毒性，便于贮存、调剂、制剂等。此书对后世中药炮制的发展产生了极大的影响，书中记载的某些炮制方法至今仍有很大参考价值。

隋唐时期（581~907）：我国南北统一，经济文化繁荣，交通发达，外贸增加，印度、西域药品输入日益增多，从而推动了医药学术的迅速发展。对陶弘景《本草经集注》做了一次全面的整理、总结。唐显庆四年（659）颁布了经政府批准，由长孙无忌、李勣领衔编修，由苏敬实际负责，23人参加撰写的《新修本草》（又名《唐本草》）。全书卷帙浩繁，共54卷，收药844种（一说850种），新增药物114种（一说120种），由药图、图经、本草三部分组成，分为玉石、草、木、兽禽、虫、鱼、果菜、米谷、有名未用等九类。在编写过程中唐政府通令全国各地选送当地道地药材，作为实物标本进行描绘。从而增加了药物图谱，并附以文字说明。这种图文并茂的方法，开创了世界药学著作的先例。本书治学严谨，实事求是，尊重经典又不拘泥，在保持《神农本草经》原文的基础上，对古书未载者加以补充、内容错讹者重新修订。书中既收集了为民间所习用的安息香、龙脑香、血竭、诃黎勒、胡椒等外来药，同时又增加了水蓼、葎草、山楂、人中白等民间经验用药，且药物分类也较《本草经集注》多两类。可见本书内容丰富，取材精要，具有高度的科学价值，反映了唐代本草学的辉煌成就，奠定了我国大型骨干本草编写的格局。它不仅对我国而且对世界医药学的发展产生了巨大的影响，很快流传到国外。如公元731年即传入日本，并广为流传，日本律令《延喜式》即有"凡医生皆读苏敬《新修本草》"的记载。由于《新修本草》是由国家组织修订和推行的，因此它也是世界上公开颁布的最早的药典，比公元1542年欧洲纽伦堡药典要早800余年。本书现仅存残卷的影刻、影印本，但其内容保存于后世本草及方书中，近年有尚志钧重辑本问世。此后，唐开元年间（713~741），陈藏器深入实际，搜集了《新修本草》所遗漏的许多民间药物，对《新修本草》进行了增补和辨误，编写成《本草拾遗》。此书扩展了用药范围，仅矿物药就增加了110多种，且其辨识品类也极为审慎，全书增加药物总数尚无定论，然仅《证类本草》引用就达488种之多，为丰富本草学的内容作出了贡献。他还根据药物功效，提出宣、通、补、泻、轻、重、燥、湿、滑、涩10种分类方法，对后世方药分类产生了很大影响。

五代时期（907~960），翰林学士韩保昇等受蜀主孟昶之命编成《蜀本草》。它也以《新修本草》为蓝本，参阅有关文献，进行增补注释，增加了新药，撰写了图经。该书对药品的性味、形态和产地做了许多补充，绘图也十分精致，颇具特点，李时珍谓"其图说药物形状，颇详于陶（弘景）、苏（敬）也。"故本书常为后人编纂本草时所引用，是一部对本草学发展有影响的书籍。

第三节　商代汤液的发明与饮食文化的发展

　　就饮食而言,有几个重要的阶段是与人类文明的进程几乎同步的。火的发明、五谷的发现与培育、陶罐的制作。学术界普遍认为火的发明是人类进化过程中重要的发现,是人类战胜自然改造自然的重要手段。而后各种生产工具的发明,实现了人类进化的新突破。马克思把这一阶段视为人类从猿到人的标志。之后经过漫长历史发展,人类开始进入社会化发展,社会分工,阶级分化,各类社会学思想的兴起。伴随着人类社会发展的除了显性的社会因素外,还有一些潜在的内容,其中饮食就是其中之一。食物供给是人类得以繁衍的物质保障,饮食文化记录了人类社会发展的另一个方面。

　　(一)陶器的发明

　　陶器的发明对远古人们的生产、生活及社会组织产生了深刻的影响,使社会经济形态从采集、渔猎为主,过渡到以农业(包括牧业)为主,推动人类社会从"蒙昧时代"进入"蛮荒时代"。陶器是人类第一次改变了一种自然物的质地而制造出的一种物品,是史前人类最主要的发明之一,在人类文化发展史上有着里程碑式的意义。它体现了人类对水、土、火的认识和把握,开启了民族传统文化的先河，为以后的建筑、雕塑与工艺美术等奠定了基础，是新石器人类文明发展的重要标志。

（1）陶器的出现和使用与农业和定居生活相关联，陶器的普及对促进定居生活和农业生产有一定的积极作用。

（2）炊器是考古发现以来最早的陶器。陶器的出现使得人们经常性地煮熟食物成为可能，从而大大改变了史前人类的生活质量，促进了人类体质和文明的不断进步。

（3）陶器的生产为以后金属的冶铸、瓷器的出现提供了基本的技术和经验。制陶的基础对于冶铸金属漆都有重要作用，尤其是瓷器的出现更与人类长期制陶经验密不可分。

（4）随着人类文化的发展，陶器的应用领域日益广泛，砖等建筑材料也得到广泛应用，从而促进了建筑业的发展。陶塑艺术品更是人类精神文化的载体。

进入奴隶社会，手工业逐步发达。夏代已有精致的陶釜、陶盆、陶碗、陶罐等陶制器皿，殷商时期，在人们日常生活中，陶器更是得到了广泛使用，同时对食品加工的知识也不断丰富和提高。这些都为汤液的发明创造了条件。

（二）商代伊尹创制汤液

相传商代伊尹创制汤液。伊尹，伊尹生乎空桑。《博物记》曰：

伊尹，母居伊水之上。既孕，梦有神告之曰旧水出而东走，无顾。明日视旧出水，告其邻东走。十里而顾其邑尽为水。身因化为空桑。有莘氏女子采桑得婴儿于空桑之中，故命之曰伊尹。而献其君，令庖人养之，长而贤为殷汤相。

皇甫谧《针灸甲乙经》序中谓："伊尹以亚圣之才，撰用神农本草，以为汤液。"《资治通鉴》谓伊尹"闵生民之疾苦，作汤液本草，明寒热温凉之性，酸苦辛甘咸淡之味，轻清浊重，阴阳升降，走十二经络表里之宜。"伊尹既精烹饪，又兼通医学，说明汤液的发明与食物加工技术的提高是密不可分的。汤液的出现，不但服用方便，提高了疗效，且降低了药物的毒副作用，同时也促进了复方药剂的发展。因此汤剂也就作为中药最常用的剂型之一得以流传，并得到不断的发展。《素问·汤液醪醴论》："为五谷汤液及醪醴。"张景岳注："汤液醪醴，皆酒之属……汤液者，其即清酒之类欤。"

《史记·殷本纪》："伊尹以滋味说汤"，《黄帝针灸甲乙经·序》："伊尹以亚圣之才，撰用《神农本草》以为汤液。"伊尹既精烹调，又通医学。根据烹调饮食的经验以提高配制汤液的方法是很可能的。汤液是伊尹创制发明的。伊尹原是汤王的厨师，后被起用为宰相。

汤液的创制发明，绝非是伊尹一个人，或非一个时期。汤液的发明，是无数先民通过千百年的生活实践，从采药用药与烹调中长期经验积累的结果。汤液的发明，是医药发展史上的一次跃进，标志着方剂的诞生，是医学史上一项重要的发明。今天从文献中梳理中国医药学的发展是一件很难的事情。传统历史的描述是以人为中心的描述，相关科学与日常生活的记录很少，今天只能从这些史料的字里行间去寻找一些线索。

（三）伊尹汤液发现的历史意义

历史的递嬗，社会和文化的演进，生产力的发展，医学的进步，人们对于药物的认识和需求也与日俱增。药物的来源也由野生药材、自然生长逐步发展到部分人工栽培和驯养，并由动植物扩展到天然矿物及若干人工制品。用药知识与经验也愈见丰富，记录和传播这些知识的方式、方法也就由最初的"识识相因"、"师学相承"、"口耳相传"发展到文字记载。

药物的来源也由野生药材、自然生长逐步发展到部分人工栽培和驯养，并由动、植物扩展到天然矿物及若干人工制品。用药知识与经验也愈见丰富，记录和传播这些知识的方式、方法也就由最初的"识识相因"、"师学相承"、"口耳相传"发展到文字记载。

夏商周时代（前21世纪至前221年）：人工酿酒和汤液的发明与应用，对医药学的发展起了巨大的促进作用。酒是最早的兴奋剂（少量用之）和麻醉剂（多量用之），更能通血脉、行药势，并可用作溶剂，后世用酒加工炮制药物，也是常用辅料之一。随着人们医药知识的日益丰富，用药经验和药物品种的逐渐增多，为从单纯的用酒治病发展到制造药酒准备了条件。甲骨文中即有"鬯其酒"的记载。据汉代班固《白虎通义·考黜篇》注释："鬯者，以百草之香，郁金合而酿之成为鬯。"可见，"鬯其酒"就是制造芳香的药酒。酒剂的使用，有利于提高药物的疗效，对后世产生了巨大的影响。仅《内经》所存13首方中即有4个酒剂，《金匮》《千金方》《外台秘要》《圣惠方》《本草纲目》等书中有更多内、外用酒剂，故后世有"酒为百药之长"之说。酒剂的发明与应用对推动医药的发展产生了重要的影响。

我国药学发达很早，正式的文字记载可追溯到公元前1000多年的西周时代《诗经》是西周时代的文学作品，也可以说是我国现存文献中最早记载具体药物的书籍。书中收录100多种药用动植物名称，如苍耳，芍药、枸杞、鲤鱼、蟾蜍等，并记载了某些品种的采集、性状、产地及服用季节等。当然书中所载百余种动植物当时是否入药尚有待考证，但后世许多本草书籍中都将之作为药用。《山海经》是记载先秦时期我国各地名山大川及物产的一部史地书。它和《诗经》一样，并非药物专著，但却记载了更多的药物，并明确指出了药物的产地、效用和性能，说明人们对药物的认识又深入了一步。《山海经》记载药物的统计，各家有所差异，一般认为大致可分为以下四类：动物药67种，植物药52种，矿物药3种，水类1种，另有3种不详，共计126种。服法方面有内服（包括汤服、食用）和外用（包括佩带、沐浴、涂抹等）的不同。所治病种达31种之多，包括内、外、妇、眼、皮肤等科疾患。而其中有关补药和预防的记载，反映了当时我国古代预防医学思想萌芽。可见当时药物的知识已相当丰富。

第四节　《神农本草经》之前的记载

伊尹及其夫人伊奭所祭祀的异族神。殷人将伊尹与重要先公上甲和重要直系先王大乙等合祭，又给予他隆重而种类繁多的祭祀，包括用人牲和经过特殊饲养的牛、羊牲，以及用贝朋等祭祀，说明伊尹在商人心目中重要的地位。[①]现发现的卜辞可以看出，伊尹是商人心目中掌管农业生产及风雨天气的神。同时伊尹也是一位烹调高手，《吕氏春秋·本味》载他曾经向商汤开具了一份菜单，其中有云：

菜之美者：昆仑之苹，寿木之华。指姑之东，中容之国，有赤木、玄木之叶焉。余瞀之南，南极之崖，有菜，其名曰嘉树，其色若碧。阳华之芸，云梦之芹，具区之菁。浸渊之草，名曰土英。和之美者：阳朴之姜，招摇之桂，越骆之菌，鳣鲔之醢，大夏之盐……果之美者：沙棠之实。常山之北，投渊之上，有百果焉，群帝所食。箕山之东，青岛之所，有甘栌焉。江浦之橘，云梦之柚。

---

① 常玉芝：《商代宗教祭祀》，北京：中国社会科学出版社，2020年。

这份菜单罗列了上古时期各地的许多土特名产，蔬菜有苹（水藻）、木实、木叶、树菜、芸蒿、水芹、菁、土英等；瓜果有棠实、百果、甘栌、橘、柚之类。山珍野味、蔬果土产。有的物名今已难考，有的在考古遗址有发现，当有一定依据。《礼记·内则》有记载的"芝、栭、枣、栗、榛、柿、瓜、桃、李、梅、杏、楂、姜、桂等17种果品，其中桃、李、梅、杏、枣通谓之"五果"。河北藁城台西商代遗址发现罐装桃仁、李核、枣核、草木樨等果酒原料。一些商代遗址出有梅核、花椒这类调味品，同样可归入根生之食。

据甲骨文云：

乙未卜，贞黍在龙囿，来丁受有年。二月。（《合集》9552）

□酉卜□贞翌……王往□囿，亡□。（《合集》9488）

囿是商代王家或权贵们的种植园圃。《说文》云："囿，苑有墙也。""圃，种菜曰圃。"《大戴礼记·夏小正》云：正月"囿有见韭"、二月"荣堇（苦菜）采蘩（白蒿）"、三月"采识（蘵，黄蒢，可作菹食）"、四月"囿有见杏"、五月"始食瓜，煮梅"、六月"煮桃"、七月"为将（苽，茭白）"、八月"剥瓜，剥枣"、十月"采芸（芸蒿）"、十二月"纳卵蒜"。商代的龙囿，可能分别以种植谷物与蔬菜瓜果为主，似乎当时园圃蔬果种植与大田谷物栽培已经有了一些分工。[①]

《鹖冠子·世兵》说："伊尹酒保，太公屠牛。"又，宋代谯周《古史考》说：姜太公曾"屠牛于朝歌，卖饮于孟津"。这些

[①] 宋镇豪：《商代社会生活与社俗》，北京：中国社会科学出版社，2010年。

记载出自传说，但却反映了殷末的城邑市肆中，已有了肉铺、饭馆、酒楼等饮食行业的出现。

第五节　羊头山周边主要药茶资源植物学研究

药茶是中国保健康养的手段和方法之一,《中华人民共和国药典》有山楂袋泡茶的"活血化瘀茶",生活中最常见的是枸杞、胖大海、罗汉果等茶饮。据《神农本草经》《本草纲目》记载药茶方共1476方。其中保健药茶186方,有补益调养、美容怡神等功效,适合保健延年、美容强身怡神。治疗药茶1290方,分内、外、皮肤、五官、妇、儿等类。羊头山周边地理环境独特,中药材资源丰富,制作药茶、饮用药茶历史悠久,连翘叶茶、蒲公英茶清热解毒;党参茶、黄芪茶增强免疫力;桑叶茶等具有降"三高"功效;酸枣叶茶能够改善睡眠;山楂叶茶等健胃消食;玫瑰花茶、菊花茶美容养颜……目前黄芩、连翘、桑叶、紫苏已发展成为初具生产销售规模的品种药茶,药茶产业正在成长为助农增收致富的新产业。

一、黄芩

(一)黄芩生物学习性及资源分布状况

黄芩,唇形科黄芩属多年生草本植物。喜温暖且略带寒冷的气候,耐寒、耐旱、怕涝,适应性较强。其属于直根系,主根粗,圆锥形;断面鲜黄色,逐渐变为黄绿色。茎直立,高30~120

厘米，钝四棱形，具细条纹，绿色或带紫色，自基部多分枝。

现有资料表明，我国黄芩野生植物资源分布广泛。正品收录的黄芩主要广布在我国东北、华北北部和内蒙古高原东部，东经110°~130°、北纬34°~57°范围内。在内蒙古、黑龙江、吉林、辽宁、河北、山西、甘肃、陕西、山东、河南等省、自治区均有野生资源，北京市、天津市也均有不连续的零星分布。燕山山脉、太行山脉及阴山山脉地区是野生黄芩资源的主产区。黄芩不连续零星分布于阔叶林、针阔混交林下灌丛及草原草甸，主要伴生植物为鼠李、油松、辽东栎、连翘、胡枝子、虎榛子、绣线菊、大油芒、黄花蒿、铁杆蒿、魁蒿、桔梗、球果堇菜、北柴胡、白头翁、蓝刺头、黄芪、蓬子菜、车前、唐松草等。

根据群落类型分布，野生黄芩所在地主要分为通风透光条件较差的山地灌丛群落和通风透光条件较好的草甸或草原群落两类，在灌丛、开阔的阳坡、砾石堆及路边均有分布。向阳的偏坡和通风透光条件较好的东西向草坡或草甸上，黄芩比阴坡、灌丛、林下等光照不充足的地方分布较多，可呈零星片状分布，因此，野生黄芩分布对光照条件无苛刻要求。土壤质地条件以pH值在5~8之间的沙土、沙壤土为最为适宜，其结构疏松，热量条件良好，均有利于黄芩根部的生长。最适生长温度为24℃。

从古至今黄芩药源一直以野生为主，但由于目前野生黄芩资源被严重破坏，加之制药企业对其需求量较大，连年过度采挖和收购，成为导致野生资源锐减的直接原因。目前黄芩在各省区分布较过去有所减少，已被列为国家三级重点保护野生药材。因为近年来国内外市场仍然对黄芩药材和黄芩苷的需求日益增加，因此我国许多地区开始进行了引种栽培，以长江以北大部分地区以及西南和西北地区为主，主产区为山东、陕西、山西、甘肃4省，其次是河北、内蒙古、宁夏、东北等省区，部分南方地区也有栽培，形成多个典型的种植区域模式。由于栽培和野生黄芩在药效上并未发现存在明显差异，因此，制药企业也逐渐普遍接受栽培黄芩。随着2002年《中药材生产质量管理规范（试行）》（GAP）的实施，各地黄芩药材种植面积均有所增加，黄芩资源市场供应遂以栽培品为主要来源。但是，栽培黄芩仍存在种子来源不明和品质退化等问题。

（二）本草考证研究

根据《神农本草经》《名医别录》《本草经集注》《唐本草》《图经本草》《证类本草》等历代的本草考证记载，《神农本草经》中黄芩列为中品，有腐肠、空肠、经芩等别名。《本草经集注》记载："秭归属建平郡，今第一出彭城，郁州亦有之。圆者名子芩为胜，破者名宿芩，其腹中皆烂，故名腐肠，惟取深色坚实者为好。世方多用，道家不须"（均在江苏省）。又《名医别录》云："黄芩生秭归川谷及冤句"（今湖北和山东境内）。《图经本草》和《证类本草》载："今川蜀、河东、陕西近郡皆有之。苗长尺余，茎秆粗如箸，叶从地四面作丛生，类紫草，高一尺许。"《唐本草》曰："今出宜州、郿州、径州者佳，兖州大实而好"（在湖北、陕西、甘肃、山东境内）。此外《植物名实图考》则指出："黄芩以秭归产著，后世多用条芩，滇南亦有，土医不它取也。"以上表明，河北、湖北、山西、陕西、山东、甘肃、云南及四川等是黄芩的产地，四川及云南的黄芩主要是滇黄芩，甘肃的是甘肃黄芩，云南玉龙一带的是丽江黄芩。因此，历代用的黄芩至少有4种原植物：黄芩、滇黄芩、甘肃黄芩和丽江黄芩，但正品为中国药典2000年版中收载的黄芩。

苏薇薇等采用聚类分析、主成分分析、数量分类等方法分析了正品黄芩和几种常用代用品之间的关系，研究表明粘毛黄芩、甘肃黄芩、丽江黄芩与正品黄芩的亲缘关系较近；马林等也得出相同的结论；经测定黄芩苷和汉黄芩苷的含量是正品黄芩最高，粘毛黄芩次之。目前民间仍常用粘毛黄芩、滇黄芩、大黄芩、甘肃黄芩、丽江黄芩、连翘叶黄芩等多种同属植物的根作为替代品入药。

（三）黄芩化学成分及质量分析

东汉《神农本草经》开始记载将药用黄芩列为中品，以后的历代本草中也都有记载，属传统中药。同时，现有研究表明黄芩具有清热解毒、抗炎、降压、清除氧自由基、抗氧化、安胎、调节免疫等多方面作用，黄芩苷、黄芩素具有抗氧化、美白、防晒功效。因受地理因素和生长环境的影响不同，其不同产区黄芩的化学成分也不尽相同，其在抗炎、解热等方面的效果也不尽一致。黄芩的主要成分为黄酮类化合物。在已发现的41种黄酮类化合物中，黄芩苷、黄芩素、汉黄芩素和汉黄芩苷这4种物质含量较高，并具有明显的药理作用。

付琳等通过对山西省10个产地的野生黄芩根中的黄芩苷、黄芩素和汉黄芩素含量进行测定和比较分析，研究表明，不同产地野生黄芩根中黄芩苷、黄芩素和汉黄芩素含量差异明显。除朔州市的右玉县沟北村和山阴县西郭家窑村的黄芩中黄芩苷含量未达到《中国药典》规定的8.0%外，其他8个产地的黄芩均达标，其中晋城市陵川县瓦窑上村的黄芩中黄芩苷含量高达15.31%，含量最高，明显高于内蒙古、黑龙江、甘肃等地的野生黄芩，也高于《中国药典》规定的黄芩苷不低于8.0%的黄芩药材质量控制标准。综合评价药材质量，认为晋东南陵川产野生黄芩是可以优先开发、利用和选育、驯化的优良药用黄芩类型。通过比较各采集地之间的气候差异，认为黄芩苷含量较高的晋东南地区、黄芩苷含量最高的晋城市陵川县可能与其气候温暖偏寒，属"长日照地区"，年平均日照时数达2563小时等因素相关。相同环境条件下，光照越强长势越好。长日照时数也增加了黄芩次生代谢产物的产生，可能与UV-B辐射增加了植物叶片中的紫外吸收物质主要是酚类化合物的产生相关。

（四）药理作用研究

从药用植物学角度来讲，黄芩主要有根、茎叶、种子和种壳4个部位，但传统药用部位为根，主要有效成分为黄酮类化合物，宋双红等研究表明，黄芩根中黄芩苷含量大约为10%，还含有黄芩素和汉黄芩素。曾超珍等通过黄酮提取液进行金色葡萄球菌、枯草杆菌、大肠杆菌、黑曲霉、青霉抑菌效果实验，结果表明，黄芩提取液对上述菌类都有明显的抑菌效果。同时，程国强以临床眼科常见病原菌为受试菌，通过研究认为，黄芩苷有显著的抗菌作用。商亚珍等也证实黄芩提取物及其单体成分黄芩素、黄芩苷、汉黄芩素能明显抑制醋酸引起的小鼠腹腔渗出物，抑制大鼠佐剂性关节炎，黄芩根成分具有显著抗炎作用，机理为干扰前列腺素和花生四烯酸的代谢。颜小俊通过大鼠子宫内膜组织中组织因子表达增加实验表明，单味中药黄芩可以激活组织因子，促使血栓形成和促凝活性增强而止血。

黄芩茎叶主要有效成分也为黄酮类化合物，也具有抗氧化、抑制肿瘤和记忆改善的作用。史雪靖经实验表明，当黄酮、黄芩苷两个成分达到25 μg/ml浓度时，可有效抑制肿瘤细胞活性，防止肿瘤细胞的增殖。郭慧芳等通过形态学观察发现，实验组Hela细胞数量明显减少，形态发生改变，而悬浮细胞增多，表明黄芩茎叶总黄酮对Hela细胞增殖具有明显抑制作用。

近年来，通过科研人员大量的努力，对于黄芩根茎叶黄酮药理学的机理研究取得了很大进展，肯定了黄芩根茎叶的药用价值，在心脑血管、高血压、高血脂、糖尿病等方面的应用尤为突出。在未来，黄芩的药用价值也会在营养、医药和农业方面逐渐显现。

二、连翘

（一）连翘生物学习性及资源分布状况

连翘，木樨科连翘属落叶灌木，茎直立、丛生；株高2~4米；枝开展或伸长，着地生根，小枝梢呈四棱形，节间为中空状，具对生半革质叶片，椭圆或卵圆，锯齿状边缘；金黄色的花冠，先花后叶，花期3~4月；蒴果为木质，表面黄棕，椭圆或卵圆状，果实上有很多小斑点分布，突起或纵向皱纹状，且纵向沟明显；喜光耐阴，耐旱，耐瘠薄，根系发达，起到涵养水源、保持水土的作用，常为荒山绿化优良树种。

连翘常生长于海拔200~2000米的半阴坡或向阳坡的疏灌木丛

中。连翘保水固土能力强，盖度在40%时能缓解水土流失，非常适宜在土壤瘠薄的山西太行山等地区营造防护林。郑峰等认为混栽丁香、紫穗槐等可以进行荒山立面绿化，连翘小枝中空，混栽杨、栎等可建设防火隔离带。而在地势平坦、土壤水分较好的立地条件，可兼顾其经济价值。我国连翘主要分布在河北、山西、陕西、山东、安徽西部、河南、湖北、四川，其中山西大部、河南伏牛山区以及河北太行山区到陕西秦岭一带，其中以河南、山西产量最大。连翘以野生为主，近几年由于疫情影响，其药用需求量猛增，人工大田种植面积也迅速增加。连翘为喜光树种，适生范围广、耐寒、耐旱、忌水涝。对气候、土壤等要求不严，在中性、微酸或碱性土壤能生长，在肥沃、缺水缺肥、有机质含量低的瘠薄土地也可正常生长，在干旱、寒冷、阴凉的环境下均可生长，但不耐积水。阳坡、光照充足的栽植地，连翘可大量结果；阴坡、光照不佳的栽植地，枝条及叶片徒长、结果少。连翘最适生长温度为18 ℃~20 ℃；开花期最适温度18 ℃~20 ℃；在自然分布区，一般年降水量800~1000毫米，相对湿度60%~75%。与连翘伴生的植物以马尾松、春榆、胡桃楸、山葡萄、蓼科植物、薯蓣科蔓生植物、桔梗、牵牛、槲木、狗尾草等植物为主。晋城地区土壤以棕壤土、褐土为主，其质地疏松、适应性强，水肥气热协调，pH呈微酸性，一般为pH6~7之间，适宜连翘生长。

全世界连翘11个种中有7种产自中国，即连翘、奇异连翘、金钟花、卵叶连翘、东北连翘、秦连翘和丽江连翘。连翘果实具药用价值，且花为优良的黄色食用色素、蜜源和早春观赏花卉，金黄色，非常艳丽，开花期持续时间长且花量大，具良好的观赏效果，在城市园林绿化中广泛应用。其嫩茎叶可作茶饮；籽油是制造绝缘漆、香皂和化妆品等的良好原料，连翘籽实中油分含量高，平均含油率约30%，含有大量的亚油酸、油酸等易于被人体消化吸收的成分，保健效果好。连翘用途广泛，在医药、化妆品、工业生产、城市绿化等方面均有应用，其发展前景良好。

连翘历来作为名优道地药材，已有2200多年的药用历史。近些年来，由于不合理采摘、破坏行为和缺乏管理，我国野生连翘资源面积与产量正在快速减少，因而扩大连翘人工种植面积已成为眼下当务之急。不同产地连翘在外观形态、成分含量等方面均存在差异。山西是野生连翘资源最丰富的省份，也是野生连翘资源分布的中心。从主产区资源和历史收购情况来看，山西省约占全国的40%左右，河南省占30%，陕西省占20%左右，其余主要分布在湖南、湖北、宁夏、甘肃、河北、山东、辽宁等省份，另外朝鲜和日本等国家也有零星分布。山西连翘主要分布在中条山、太岳山、太行山、吕梁山、五台山等地，其中太岳山、中条山和南太行山为山西野生连翘三大分布区，约占山西连翘总产量的70%。山西省晋城市陵川具有悠久的青翘采摘历史，至少在60年以前就已经开始采摘青翘。陵川县富产青翘，均为野生，每年鲜货300~400千克，干货100~150千克。

近年来，人工栽培连翘以陕西、河南、山西居多。目前，山西省连翘总面积达到36.67万公顷，其中太行山干石山区连翘面积达10万公顷，且相对集中连片面积可达3.33万公顷。据统计，连翘的年需求量在600万千克以上，以野生采集为主。山西是连翘资源大省，其中50%以上的连翘资源靠山西供给。连翘产量以安泽、陵川、沁水、沁源最多，年产量均在30万千克以上；其次为古县、闻喜、夏县、绛县、垣曲、阳城，年产量均在20万~30万千克。

（二）种质资源与本草考证研究

《中华人民共和国药典》2000年版一部收载的中药连翘为木樨科植物连翘的干燥果实，始载于《神农本草经》，列为下品，历代本草书籍中均有收载，自1963年以来，一直被《中国药典》收录，具有清热、解毒、散结、消肿的功能，是临床上的常用中药材。连翘可分为青翘和老翘2种商品规格。果实初熟尚带绿色未开裂时称为"青翘"，果实成熟开裂后为"老翘"。连翘以其干燥果实入药，是现代中成药和植物药的重要原料，因具有较高的药用价值及经济效益，其用量也在逐年增加。

（三）连翘化学成分及质量分析

连翘，其初熟和老熟的干燥果实（即青翘和老翘）是我国传统的中药材，具有清热解毒、散结等作用，临床常用于治疗急性感冒、淋巴结核等症，其提取物还可用于化妆品、食品防腐剂等。

连翘果实和连翘花均含有苯乙醇苷类、木脂素类、黄酮类和三萜类等化学成分，均可起到降血糖、保肝、抗氧化、抗疲劳和抗肿瘤等作用。李爱江等通过对连翘花提取物中芦丁、金丝桃苷、连翘酯苷A、连翘苷、齐墩果酸和熊果酸的含量进行分析，以连翘花开发的花茶，茶多酚、氨基酸、总黄酮类、总木脂素类和总三萜酸化合物含量均较高，说明连翘花茶有非常强的保健价值，因此开发连翘花茶具有极好的市场。

连翘主要成分是松脂醇、连翘酚、连翘甙、芸香甙等，主治风热感冒、痈肿疮毒、淋巴结结核、尿路感染、温病初起等症。果实含连翘酸、甾醇化合物、皂苷（无血溶性）及黄酮醇苷类、马苔树脂醇苷类等。果皮含齐墩果酸。青连翘含皂苷、生物碱等。从入药部位来看，最早记载是使用连翘的地上部分及根；自唐代后以连翘果实入药；至今《中药志》《中国药典》皆以木樨科连翘果实为连翘正品。在中药典籍中记载的连翘叶与连翘果实药效极为相似，且从现代化学角度发现连翘叶与果实在化学组成上也有较大的相似性。在山西、河南、陕西等地有将连翘叶嫩芽和连翘花制成茶饮用的习惯。

魏志华等通过对无梗连翘和有梗连翘分析，研究表明两者浸出物含量、连翘苷及连翘酯苷A等含量变化不明显。《中国药典》规定青翘醇溶性浸出物含量不得小于30.0%，老翘不得少于16.0%。3个产地（山西陵川、河南济源、河南栾川）的老翘和青翘中浸出物含量均符合药典中的限量要求；老翘和青翘中连翘苷含量在0.46%~0.88%，连翘酯苷A含量在0.40%~0.69%，分别大于《中国药典》0.15%和0.25%的限量要求；总黄酮含量在19.03%~25.87%。3个产地青翘浸出物含量远高于老翘浸出物，而山西陵川无梗青翘浸出物最多，可达43.12%；3个产地老翘进行无梗处理后，3个产地中只有山西陵川无梗连翘中浸出物含量提高较明显；3个产地老翘中山西陵川无梗老翘中连翘苷和连翘酯苷A含量分别达0.88%、0.69%，在所有连翘样品中含量最高；山西陵川无梗老翘中连翘苷和连翘酯苷A含量均为0.62%，在所有老翘中最高；3个产地的老翘及青翘中2种成分含量，在老翘和青翘中均以山西陵川的含量较高。连翘苷和连翘酯苷A是连翘质量的主要评价指标，试验结果与历来认为山西陵川连翘质优的观点相符合；3个产地老翘中总黄酮含量低于青翘，山西陵川有梗青翘总黄酮含量最高，为25.87%。

申鹏龙等以河南和山西12个产地（包括晋城的阳城县、陵川县、沁水县）的77份连翘为试材，采用EST-SSR分子标记技术对其遗传多样性进行分析，结果表明：太行山与伏牛山的连翘亲缘关系较近，浅山区与山脉边缘区域连翘亲缘关系较近。三门峡陕州区与晋城沁水县遗传多样性高于其他产地，晋城沁水县与晋城阳城县遗传距离最近，为0.020 3，在地理位置上，晋城阳城县在晋城沁水县的西南方向，地理距离最近；其次为晋城阳城县与运城绛县、运城绛县与三门峡陕州区，遗传距离均为0.023 1，运城绛县在晋城阳城县以西，运城绛县与三门峡陕州区在地理位置上也较近。

郑尚永等以山西、河南和云南3省的药材连翘为研究对象，进行连翘苷含量比较，结果表明山西为0.113%，河南为0.057%，云南为0.053%。由此可见，山西的连翘中连翘苷含量最高，约为河南的2倍，云南连翘中连翘苷含量略低于河南，表明不同产地的连翘连翘苷含量差异较大。这可能与当地生态环境等自然因素、栽培技术影响、栽培方法不同有关。

王雪等以河南省、河北省以及山西省的青翘和老翘为试验材料，研究结果表明，不同产地的连翘中连翘苷和连翘酯苷A的含量均符合《中国药典》的规定，但差异明显。青翘中的连翘苷、连翘酯苷A的质量均显著高于老翘，且山西的连翘质量高于河南与河北。同时，比较 3 个省市有效成分含量发现，山西含量最优，河南次之，河北最少。由此可知，山西产区的连翘质量高于河南、河北。

山西连翘栽植历史悠久，自然地理环境得天独厚，自然资源分布丰富，因此能孕育出道地的药材。山西连翘作为传统中药材产量高、品质好，自古即行销海内外。安泽连翘以其个大饱满、药用价值高，已经成功申报了中国国家地理标志产品。晋东南、晋南民间有制作连翘茶饮的传统。陵川县连翘品质优良，有浓郁的清香味、味苦，具有果大、质硬、肉厚、连翘酯苷 A 等有效成分含量高等优良品质。经山西食品药品检验所最新检测，陵川县连翘（青翘）连翘酯苷 A 含量高达 8.8%，连翘苷含量高达 0.65%，浸出物高达 43%；陵川连翘（老翘）连翘酯苷 A 含量高达 1.74%，浸出物高达 21%，高于《中华人民共和国药典》（2020 年）规定标准，是安徽济仁药业等知名制药企业的首选原料。陵川县作为全国连翘主产县之一，青翘年产量 4 000~6 000 千克，规模为全国最大，业界有"全国连翘看山西，山西连翘看陵川"的美誉。2019 年，"陵川连翘"已成功注册国家地理标志商标。

（四）药理作用研究

连翘是传统的中药材，味苦、性微寒，中医以蒴果果壳入药，具有清热解毒、抗病毒、抗氧化、抗衰老、保肝、调节免疫、增强抗应激能力、消结排脓、疏散风热之效，常以水煎服或加入方剂中，自古即为常用药材。除果实入药外，药用其叶，对高血压、痢疾、咽喉痛等疗效较好；加入连翘制成的中成药，有连翘败毒丸、黄氏响声丸、维 C 银翘片等。通过对连翘资源的深入研究，表明连翘叶具有清除自由基和抗氧化作用，可作为一种纯天然的预防和治疗由活性氧引起的各种疾病（如衰老、心脑血管、高血脂、老年性痴呆症甚至癌症等）的药物及新型的天然食品抗氧化剂。连翘叶在山西民间作为滋补饮品的应用历史悠久，连翘茶作为保健饮品对咽喉红肿等症有明显功效。连翘叶富含连翘苷、连翘酯苷 A、连翘脂素、芦丁等化合物，其中连翘酯苷等成分已证实对新型冠状病毒有抑制作用。2017 年 12 月，山西省卫生和计划生育委员会、山西省食品药品监督管理局联合发布了《食品安全地方标准连翘叶》。在药品领域、食品和功能食品方面，将连翘叶与其他食品原料相结合，已开发具备减肥、保肝、抗疲劳、降血脂、降血糖、抗菌、抗病毒等功效的一系列功能性食品。连翘叶茶是中国第七大茶系"山西药茶"中第一茶，是一种很好的民间保健茶。

三、党参

（一）党参生物学习性及资源分布状况

党参，桔梗科多年生草质藤本植物，因原产于山西上党郡得名。根肥大呈纺锤状或纺锤状圆柱形，较少分枝或中部以下略有分枝；茎长 1~2 米、直径 2~3 毫米，缠绕状，茎基具多数瘤状茎痕；茎有多数分枝，侧枝 15~50 厘米，小枝 1~5 厘米，具叶，不育或先端着花，无毛；叶互生、卵形或狭卵形，长 1.2~6.5 厘米、宽 0.6~5 厘米，边缘有波状钝齿，两面有短伏毛。叶柄约 0.6~2.5 厘米长。花 1~3 朵，常单生于枝端；花冠呈阔钟状，呈淡黄绿色；花萼 5 裂，雄蕊 5 枚，子房下位，3 室。蒴果下部为半球状，上部为短圆锥状。

党参属植物全世界共40余种，其主要分布于亚洲中部和东部。中国党参种质资源非常丰富，主要包括野生和栽培两种。野生党参生于山坡、草地、林缘；栽培党参多集中于土质肥沃、有机质丰富的坡地和耕地。人工栽培党参最早在山西潞安、壶关、长治以及辽宁的凤城等地出现。现在，甘肃、湖北、四川以及吉林等地均大面积人工栽培党参，同时党参的育苗移栽、田间管理和采收加工等方面的技术也逐步提高。因各栽培种植地之间相互引种调种，因此目前全国各地党参种植多处于不同种或遗传性状差异较大居群的混合栽培水平，其品质良莠不齐，整体质量不高，严重制约着党参产业的持续发展。

李达通过对党参、川党参和素花党参进行性状比较，研究发现党参较川党参、素花党参根头部膨大明显，"狮子盘头"（党参根头部有多数疣状突起的茎痕及芽痕）明显；川党参表面有明显的不规则纵沟，而党参和素花党参表面为环状横纹；党参质地较硬略带韧性，川党参软而结实，有一定韧性，素花党参较软易折断。赵云生通过对党参不同的野生品和栽培品进行了种内对比，研究发现党参种在药材性状上有较大差别，野生品根条色泽较栽培品深；野生品"狮子盘头"较栽培品明显；野生品根条上部环纹较栽培品密集。据《中国植物志》记载，党参、川党参和素花党参原植物在形态上有一定的差别。素花党参为党参的变种，两者主要区别在于素花党参全体近于光滑无毛；且素花党参的花萼裂片较党参小。川党参与党参的不同在于两者花萼贴生位置不同，茎下部叶片的形状也有所差别。而其余非药典品种与药典品种均有一定的差异。这表明党参的形态多样性非常丰富。

党参适应性较强，喜温和、夏季凉爽和空气湿润的气候环境。海拔低、昼夜温差小不利于党参根部糖分的积累，影响其成品质量。党参是深根性植物，适宜种植在土层深厚、土质疏松、排水良好的砂质土壤中，土壤酸碱度以中性或偏酸性为宜，一般pH值6.5~7.0，忌连作，一般隔3~4年种植。

党参主要分布于中国西藏东南部、四川西部、云南西北部、甘肃东部南部、陕西南部、贵州、宁夏、青海东部、河南、山东、山西、河北、内蒙古及东北等地区海拔1 000~3 100米的山地林边及灌丛中。药用党参主要分布在陕西省、青海省、甘肃省、山西省及四川省等地，根据来源和产区可分为东党、潞党、台党、西党及条党等规格。党参是药食同源的传统名贵中药材，也是山西省的道地药材之一，山西党参产量占全国需求量的20%，在国内药材市场举足轻重。山西古潞州（今长治市、晋城市）所产的党参品质上乘，历来被认为是道地药材，称为"潞党"。潞党参主要分布在山西省陵川、平顺、壶关、长子、潞城等地。潞党参主产于山西省东南部的晋城、长治地区。晋城市陵川县，位于山西省东南部，南太行之巅，是山西省党参种植大县，占县域总面积70%的东部山区，无污染，气候冷凉，昼夜温差大，党参品质上乘，历来是潞党参的主产区之一。2003年北京同仁堂在这里建立了潞党参GAP基地。

（二）种质资源与本草考证研究

党参属植物全世界约40种，中国约有39种，药用有21种、4个变种。党参是大宗常用中药材之一，收载于《中国药典》

（2015年版I部），以根入药，以条粗壮、质柔润、气味浓、嚼之无渣者为佳。党参性平，味甘，归脾、肺经，可用于脾肺虚弱、气短心悸、虚喘咳嗽、内热消渴、气血不足等症状，具有补中益气、养血生津的功效。党参为补益要药，可作为基本药材为中医所调配应用，为多种中成药的主要原料和保健品的基本原料，如复方党参片、党参固本片、阿胶黄芪党参铁片、东阿阿胶牌芪参阿胶胶囊等。党参药食同源，用量大，药用价值非常高。

1984年中华人民共和国卫生部颁布的《七十六种药材商品规格标准》，将党参药材商品规格分为西党、条党、潞党、东党、台党5类。目前通常认为西党的基源植物为素花党参，产于四川西北部、青海、甘肃及陕西南部至山西中部，其中甘肃文县、四川平武产党参又称"纹党""晶党"，陕西凤县和甘肃2个地产又称"凤党"，四川九寨沟县产又称"刀党"。条党的基源植物被认为是川党参，产于四川北部及东部、贵州北部、湖南西北部、湖北西部以及陕西南部。其中产于湖北恩施市板桥镇的又称为"板桥党"，产于四川东部的又称为"单枝党"。潞党、东党、台党通常源自党参这一植物种，其中山西产的称为"潞党"，东北产的称为"东党"，山西五台山野生的称"台党"。2015年版《中国药典》规定党参的基源植物为桔梗科植物党参、素花党参或川党参。近年来，野生资源的党参快速减少，人工种植规模开始不断扩大和趋于稳定。2005年秋，毕红艳等调查了东北、山西、甘肃党参的栽培情况，发现东北地区几乎无栽培党参，而山西、甘肃党参的栽培也有所缩减。随着药材市场的健康良性发展，党参的种植规模也逐渐趋于稳定，逐渐进入追求药材产量和质量并行阶段。

　　分子生物学的发展，进而促进很多学者开始从分子水平对党参的种质资源进行研究。罗洪斌对野生和栽培板桥党参进行 nrDNA-ITS 区的序列进行分析，表明野生和栽培板桥党参存在遗传差异性。陈大霞等利用 SRAP 和 ISSR 技术对来源于 18 个产区的川党参进行遗传多样性分析，2 种方法均显示川党参的遗传多样性较高，且聚类结果表明川党参种质之间的亲缘关系与地理分布呈不显著相关。苏强等建立并优化了党参的 AFLP 分析体系，能较好地显示出党参、素花党参、川党参之前的遗传差异。有人对采集到的 65 个党参样品进行 ITS/ITS2 序列分析，表明党参、素花党参、川党参的 ITS 序列位点上有一定的差异，可以成功地对党参药典规定的基源物种进行区分。赵莎发现利用 DNA 条形码技术可对党参药材及其混伪品进行鉴定，但无法对 3 个基源物种进行鉴定。张延红等建立了适于党参的 ISSR-PCR 反应体系，为研究党参遗传多样性奠定了基础。王东对党参转录组的 SSR 位点进行分析，明确了党参 EST-SSR 的基本特征，对研究党参遗传多样性和种质资源改良奠定了基础。张建清等对党参和素花党参进行 RAPD 分析，发现党参和素花党参均有丰富的遗传多样性，同时发现所研究的 8 个党参栽培居群之间的遗传距离与地理分布呈一定的相关性。郭宏波利用 ISSR 和 RAPD 分子标记技术对山西、陕西、甘肃 8 个野生居群和 8 个栽培居群的党参样本的遗传多样性进行研究，发现党参野生与栽培居群均具有较高遗传多样性。李忠虎对党参多态性微卫星引物进行筛选，得到 10 对引物，并将它们对党参的 4 个近缘物种进行种间交叉扩增，发现有 5 对能扩增成功，这些引物为研究党参遗传多样性和群体遗传结构奠定基础。朱田田等利用ISSR技术对17个党参品种的遗传多样性进行研究，发现样品在物种水平上均有较丰富的遗传多样性，同时各品种间遗传差异性较大，可能蕴藏丰富的基因资源。这些研究表明党参种质资源有丰富的分子遗传多样性，同时，也为鉴定不同种质及明确不同种质特征奠定了方法学基础。

陵川潞党参是著名的党参品种，分布在陵川县境内，质量上乘，是国家地理标志产品。2019年12月，"陵川潞党参"经申报获得国家地理标志证明商标。陵川潞党参具有明显的地域特征，品质与划定的区域特定环境条件有着十分密切的关系。陵川县属大陆性季风气候区，年平均气温7.34℃，活动积温差异甚大，0℃以上的年平均积温为3369.2℃，10℃以上的年平均积温为2755.1℃，年平均日照时数2601.3小时，年日照百分率59%，年平均无霜期165天。平均年降水量662.7毫米，优势的自然气候能满足党参生长的需要。特别是凉爽的气候，较大的昼夜温差和充沛的降水，为党参生长发育提供了有利的条件。据试验证明，陵川潞党参可生长于海拔250~2200米的坡地上，平均气温12.1℃~17.3℃，绝对高温36℃~39.4℃，绝对低温-4.8℃~14.5℃的地区，但以阳光充足、深厚肥沃而湿润的立地条件下生长较好。陵川野生潞党参绝大多数分布在1200米以上石质山区的阳坡及半阳坡山坡上。这样的气候特点，光合产物转化快，有效营养成分积累多，特别是陵川潞党参结实率高，品质极佳。陵川潞党参喜欢温暖、湿润和光照充足的环境，性耐寒、耐旱，忌水涝。陵川土壤有机质含量高，多为黄土质淋溶褐土和红黄土质淋溶褐土，pH值为7.79，呈微碱性。丰富的铁、铜、锰、锌等多种微量元素，为党参外表色泽和内在有效成分的提高创造了优良的土壤条件。陵川县水资源丰富，总量达 2.15×10^8 立方米。水资源主要分布在东部山区，也是陵川县党参种植的主要区域，党参种植区地表植被茂密，生态良好，无污染影响，地表水质良好。多因素造就了陵川潞党参品质上乘。陵川潞党参主要分布在陵川县东南部石质山区的六泉、古郊、潞城、夺火、崇文、马圪当、平城等7个乡镇。各乡镇分布情况为：六泉乡约466.67公顷，崇文镇约66.67公顷，平城镇约33.33公顷，夺火乡和马圪当乡约40公顷，总面积约733.33公顷，产量超1000千克。其中，六泉乡黄松背村的"五花芯"党参最为著名。据1991年山西省农业区划委员会汇编的《山西省农业自然资源丛书》（晋城卷），把陵川"五花芯"党参列入地方《农业名产》之列。1960年3月2日出版的《大公报》上，以"中药材生产在陵川——我们是怎样力争粮药双丰收"为题，介绍了当时药材生产的成就与经验。1960年4月25日至5月5日，农业部、卫生部联合在陵川县六泉乡赵家岭管理区召开全国药材实习现场会，在全国推广陵川林药间作种植党参的先进经验。当时与会的江苏、江西、吉林、广东、山东、广西、宁夏、福建、辽宁、黑龙江、浙江、甘肃、安徽、云南、河北、河南、湖北、陕西、山西、北京、上海、西安、内蒙古等23个省市代表在陵川县赵家岭村树碑为证，碑文真实记录了当时潞党参种植的可喜成就。目前，陵川潞党参畅销于河南、河北、广东、广西、云南、湖南等10多个省的数百个县，而且在国际市场上也已销到马来西亚、菲律宾、新加坡、日本和老挝等10多个国家。

按品系划分，陵川党参当属潞党参系列，业界常称陵川为中国潞党参的故乡，而陵川党参为潞党参中的极品。"党参"之名，最早见于《本草从新》，其后在《本草纲目拾遗》《植物名实图考》中均有记载。《本草从新》记载："参须上党者佳，今真党参久已难得，肆中所卖党参，种类甚多，皆不堪用，唯防风党参性味和平足贵，根有狮子盘头者真，硬纹者伪也（白党味微甘而甚淡，功力远不及尔）。"可见，党参的"党"字源自于上党的"党"字，产于山西上党一带，品质最优，为道地药材。由此表明，历史上"党参"之名是因产地为上党郡而得名，上党郡是晋东南地区秦代的行政区划称谓，隋代改称潞州。后来，为区别于其他地方的党参，上党地区的原产地党参又有上党参、潞党参之称，其产地包括陵川、平顺、壶关、长治县等地。据史料记载，秦始皇二十六年（前221），秦统一天下，推行郡县制，始置上党郡，陵川地区属上党郡。西汉初期，汉武帝始置并州，领上党、雁门、河东等郡，陵川地区划归上党郡泫氏县。古代上党地区主要指今天的山西东南部，当时行政区域范围包括潞、泽、辽、沁四州。即今天的晋中市榆社、左权、长治市、晋城市一带，地域广大。秦代有泽与潞两上党，说的就是今山西东南部的长治盆地、晋城盆地这两块最大的盆地。《国策地名考》记载，上党地区地高势险，自古为战略要地，狄子奇曰"地极高，与天为党，故曰上党"，其意即上党地区地高势险。《释名》曰："党，所也，在山上其所最高，故曰上党也。"由此可见，上党因所处地势高而得名，陵川地处南太行之巅、晋东南最高处，称其为"党"当之无愧，而且应是上党的重要区域，自然也应是潞党参的核心产区，二者互相影响和包容。早先药用党参多为野生，关于党参的人工种植方法，清光绪八年（1882年）的第8次修订《陵川县志》中，李志所撰写的一篇《种参说》便有记载。其详细记载了130年前陵川东北部山区百姓人工种植党参的流程，其地块选择、栽培方法、采收时间、加工方法及销售渠道，与现今当地农民党参生产方法极其相似，而且种植技术已十分成熟。这是中药材党参由山上野生采挖向大田种植演变最珍贵的历史记载，也是史料记载最早的党参规范化种植方法。由于陵川党参与当地的地理位置、气候环境、土壤及生态等有紧密的联系，加上一代又一代陵川种参者对先人传统种植方法的不懈传承和创新研究，多角度佐证了陵川党参不仅属潞党参品系，而且是道地潞党参的极品。现在，陵川已成为北京同仁堂特选的优质党参基地。

（三）党参化学成分及质量分析

党参富含多种活性成分，含有单糖、多糖、低聚糖等糖类物和党参苷、甾醇、甾苷、氨基酸类等多种有效化学成分。多糖为党参的主要有效成分之一，具抗氧化、抗肿瘤、增强记忆力、提升机体免疫力等作用。同时，可作为滋补药，有补益元气、健脾、益肺的作用。党参不仅作为药材药用，还可作为保健食品食用，是天然的优质资源，拓展了党参功能性食品的开发应用前景。

药材种植品种的稳定性和质量是影响药材化学成分、药理作用及临床疗效的关键因素。由于党参基源植物分布广泛，种质资源丰富，具有丰富的遗传多样性，因此，不同种质的党参的产量和含量均有一定的差别。

毕红艳等对来源于12个产地（山西陵川、平顺、五台、黎城均为1年生，甘肃的陇西、渭源、通渭、文县均为1年生，陕西凤县1年生，湖北恩施1年生，吉林抚松、敦化均为多年生野生）的党参种子进行了产地及试验地（北京）多糖含量的测定，研究结果表明，原产地各种子资源多糖含量为19.27%~40.92%。不同种子多糖含量差异较为显著，来源于吉林抚松（19.27%）和敦化（23.15%）的种子多糖含量较低，甘肃文县（40.92%）种质多糖含量最高；而试验地（北京）党参多糖含量以吉林抚松（43.53%）种子含量最高；陕西凤县（25.41%）种子含量最低。来自山西的种子多糖含量均在35%以上（陵川、平顺、五台、黎城原产地含量分别为37.17%、35.44%、38.10%、37.77%）。中药有效成分的积累是一个非常复杂的过程，其受产地、生态环境、生长年限、采收期、加工贮藏等诸多因素影响。陕西、山西、甘肃为党参的道地产区。产地生态环境对道地药材生长发育产生的影响与其有效成分的形成和积累有关，是道地药材形成的外在因素。杨静对采自不同产地的党参药材及不同党参引种至同一GAP种植基地的党参药材比较质量，发现不同产地党参间苍术炔苷和苍术内酯Ⅲ的含量有所不同，引种后，恩施板桥党和陇西白条党的党参炔苷的含量升高，而苍术内酯Ⅲ的含量均较原产地高；对于多糖含量的测定，山西潞党和恩施板桥党含量较高，陇西白条党含量其次。王丽蓉等曾对潞党参和藏党参中多糖和皂苷的含量进行比较，发现藏党参中多糖和皂苷的含量均较潞党参中高；后来，他们又对潞党参和藏党参的总黄酮含量进行测定，得到潞党参总黄酮含量是藏党参的1.05倍。有研究表明，在不同产地的党参中，潞党参的多糖含量、浸出物量以及炔苷含量整体优于其他产地党参。卢燕林等对以陵川县东部六泉乡黄松背村、中部崇文镇甘井掌村、西部附城镇玉泉村的地道潞党参营养特性与产地土壤特征进行了研究，表明土壤有机质和有效养分含量高，形成地道潞党参生长独特的生态环境，地道潞党参营养元素中氮、磷、钾和铁、锰含量高，尤其是铁的含量较高，对部分微量元素有奢侈吸收的现象，而且主要分配到地下部分，形成地道潞党参独特的营养特性。总的来说，晋城陵川的潞党参品质极佳，可作为中药材的优质资源。"陵川潞党参"品牌于2019年12月28日已取得国家地理标志证明商标注册证书。

（四）药理作用研究

中医学认为，党参具有补中益气、调理脾胃、活血化瘀、生津止渴等作用。现代药理研究表明，党参的主要药理作用可分为以下几个方面：（1）抗氧化作用：党参对抗氧化酶具有调节作用，能抵抗一定程度的氧自由基损伤。同时，还具有清除自由基的作用。胡建燃等评估了潞党参的总抗氧化能力、羟自由基清除能力以及超氧阴离子清除能力，表明道地药材潞党参的多糖成分具有良好的抗氧化活性。（2）抗再灌注损伤作用、抗应激作用、对血液和造血功能的影响作用、抗肿瘤与抗菌作用等。（3）保护消化系统作用：党参的水提醇沉溶液对大鼠的实验性慢性乙醇性胃溃疡具有显著的预防、治疗和保护作用，且与一定的给药量呈明显的量效关系。由党参制成的香砂六味汤，对胃溃疡有治疗作用，选取21例患者进行治疗，总有效率高达90%。（4）促进造血功能：党参具有增加血红蛋白含量的作用，且与脾脏有关。研究表明，党参花粉对化疗放疗后出现造血功能障碍的36例肿瘤患者进行治疗，其中血白细胞减少现象26例，贫血现象10例，30天后，临床结果表明，党参对血白细胞减少、贫血患者的治疗总有效率分别为96.1%和90%。（5）其他功能：党参还具有调节血糖、降压、抗缺氧、耐疲劳、增强机体免疫力、延缓衰老、调节胃收缩等多种治疗作用。有实验研究，采取黄精30克、党参30克、炙甘草10克混合制成药剂，对于低血压病的患者进行治疗，结果显示，治疗后患者均获痊愈。在临床应用中因党参甘平、不燥不腻，具有补脾肺气、生津养血功效，可代替人参对脾肺虚弱、体倦无力、气血两亏、久泻脱肛等患者进行治疗，由其制成的十全大补汤、八珍汤和四君子汤等中药汤剂，可用于治疗营养性和缺铁性贫血患者，且疗效显著。曹俊杰等发现潞党参膏滋（主要含多糖）能够在一定程度上减少放疗对肿瘤患者多种细胞免疫功能的损伤，进而使患者睡眠改善、食欲增加。熊元君等发现与新疆党参相比，潞党参更能有效调节小鼠肠道蠕动。党参多糖是党参的主要成分之一，具有各种免疫药理活性，能显著提高巨噬细胞吞噬指数与E-花环形成率，并随剂量的增加而增高，且具有良好的促进机体非特异性T细胞免疫的作用。张雅君等研究发现党参多糖是一种新型的免疫调节剂，对小鼠巨噬细胞的吞噬能力具有显著的提高作用；秦湳等以党参多糖为原料，研制出党参荞麦保健醋饮料；廖威等以党参、芦荟为研究原料，研制出具有消炎杀菌功能的复合保健饮品。

——第四编——

神农炎帝信仰传播

从地理空间上来看，在中国不同的历史阶段形成了五大神农炎帝信仰文化圈。从北向南依次为：高平羊头山神农信仰文化圈（包括山西省晋城市、长治市、河南省新乡市、济源市），陕西宝鸡神农信仰文化圈，湖北随州、神农架神农信仰文化圈，湖南炎帝陵神农信仰文化圈，另外还有近代形成的台湾神农信仰文化圈。五大神农炎帝信仰文化圈是农业文明自北向南传播的见证，同时也是茶文化兴起的重要线路。羊头山五谷的发现——宝鸡常羊山牛耕文明的兴起——随州历山水稻的发现——茶陵县（现炎陵县）茶的发现与传播。随着茶文化的传播与神农炎帝信仰相融合，在茶叶贸易的推动下，又形成了以茶叶生产为主线的神农信仰传播线路：茶叶主要产区云南、广西、广东、福建、四川形成了新的神农信仰传播线路。

在神农信仰传播的两条线路上形成了丰富的神农信仰文化遗产，包括神农庙、神农井、神农相关的民间传说、故事、民俗，形成了"活态"神农信仰文化遗产。

第一节　羊头山神农炎帝文化遗存名录

从遗址遗迹来看，高平炎帝文化的历史文物和建筑遗存相对完整。上党地区现存有关炎帝的庙宇57座，其中高平40座，形成了一个体系完备、非物质文化遗产丰富的炎帝文化区域。高平炎帝古庙古碑数量众多，大范围的高度密集，并且时代悠久，上至魏晋隋唐，下至清末民初。

表1　羊头山炎帝文化信仰圈神农炎帝庙统计表（高平）

序号	名称	年代	地址	备注
1	团西炎帝庙	明清	神农镇团本村	省保
2	邢村炎帝庙	元~清	三甲镇邢村	省保
3	炎帝行宫	清	神农镇故关村	市保
4	羊头山神农后遗址	北齐	神农镇李家庄村	市保
5	北李村炎帝庙	明	三甲镇北李村	市保
6	常家沟炎帝庙	清	野川镇东沟村常家沟村	市保
7	徘北村炎帝庙	明清	三甲镇徘北村	市保
8	乔北村炎帝庙	清	南城区乔北社区	市保
9	三甲北村炎帝庙	清	三甲镇三甲北村	市保
10	高良炎帝庙	清	寺庄镇高良村	市保

表1（续）

序号	名称	年代	地址	备注
11	焦河炎帝庙	清	河西镇焦河村	市保
12	羊头山炎帝高庙	唐之前	神农镇羊头山	2015年修复
13	炎帝陵	唐之前	神农镇庄里村	2015年修复
14	朴村炎帝庙	清	高平城南朴村	
15	五谷庙	元	神农镇庄里村	
16	炎帝中庙	元	神农镇下台村（今中庙村）	
17	邱村炎帝庙	明清	神农镇邱村	
18	中村炎帝庙	明清	神农镇中村	
19	西沙院村炎帝庙	明清	神农镇西沙院村	
20	赤祥村炎帝庙	明清	三甲镇赤祥村	
21	朱家山村炎帝庙	清	三甲镇朱家山村	
22	北李村炎帝庙	清	三甲镇北李村	
23	神头岭炎帝老庙	金代前	寺庄镇神头岭	
24	贾村炎帝庙	明清	寺庄镇贾村	
25	掘山村炎帝庙	明	寺庄镇掘山村	
26	箭头村炎帝庙	明清	寺庄镇箭头村	
27	后沟村炎帝岭炎帝高庙	明清	野川镇后沟村炎帝岭	
28	杜寨村炎帝庙	明清	野川镇杜寨村	
29	乔里村炎帝庙	清	河西镇乔里村	
30	双井村神农炎帝庙	明	河西镇双井村	

表1（续）

序号	名称	年代	地址	备注
31	朴村炎帝庙	清	河西镇朴村	
32	庞村炎帝庙	明清	南城街道办事处庞村	
33	徐庄村炎帝庙	清	南城街道办事处徐庄村	
34	南赵庄村炎帝庙	清	南城街道办事处南赵庄村	
35	店上村炎帝庙	明清	南城街道办事处店上村	
36	沟北村炎帝庙	明	东城街道办事处沟北村	
37	永禄村炎帝庙	元明	永禄乡永禄村	
38	四坪山神农庙	元明	陈区镇四坪山	
39	北诗村神农庙	元明	北诗镇北诗村	
40	马村炎帝庙	明清	马村镇马村村	

表2　羊头山周边县区炎帝庙统计表

序号	名称	年代	庙址	备注
1	大义井村炎帝馆	金代之前	晋城市陵川县礼义镇大义井村	
2	长治百谷山炎帝庙	明清	长治市潞州区老顶山	1998年重建
3	长治市百谷山奶奶顶		长治市潞州区老顶山	1998年重建
4	李村炎帝庙	清	长治市潞州区李村	
5	发鸠山灵鸠庙	宋	长子县石哲镇房头村	

表2（续）

序号	名称	年代	庙址	备注
6	长子县城关镇熨斗台神农庙	不可考	长子县城北关熨斗台（现为北高庙公园）	乾隆十五年《重修熨斗庙碑记》有"尧胤子就封兹土，筑熨斗台，即祀神农氏于上"
7	壶关县东长井炎帝庙	明	壶关县集店乡东长井村	
8	色头村炎帝庙	明清	长子县色头镇色头村	市保
9	柏后村神农庙	明之前	长治市潞州区柏后村	省保
10	关村炎帝庙	明	长治潞州区关村	国保
11	壶关小北庄村炎帝庙	明清	壶关县龙泉镇小北庄	
12	黎都公园炎帝宫	当代	长汉市上党区黎都公园	
13	北和村炎帝庙	元	上党区北呈乡北和村	省保
14	龙山村炎帝庙	不详	长治市上党区八义镇龙山村	
15	西七里村炎帝庙	明清	壶关县晋庄镇西七里村	
16	翟店村五谷庙	不详	长治市潞城区翟店镇翟店村	
17	羌城村五谷庙	清代	长治市潞城区翟店镇羌城村	

表3　高平境内炎帝历史文化遗存

序号	名称	地址	年代	文化标志	现状
1	羊头山(首阳山、烈山)	神农镇		神农故里,神农城遗址;神农获嘉禾之地;形如山羊,图腾崇拜	
2	羊头石	羊头山上	约5 000多年前	羊头山神指神农也;图腾标志	
3	羊头山高庙(炎帝高庙)	羊头山峰顶	不详,推测宋前	炎帝祖庙;神农发祥地,"炎帝之所居也","神农尝五谷之所"	大殿不存,石柱、石全、浮雕、经幢、水井、井架、石阶、门槛、石狮、石刻残存
4	记功诗碑	羊头山高庙	元延祐元年	《乃赓后歌》:陈述炎帝神农遗迹,赞美高庙仙境	不存
5	神农城	羊头山西峰	约5 000多年前	王城、皇城;	仅存遗址,方圆70亩,周边有神农泉、神农井、五谷畦、未耜洞等遗址遗迹
6	神农泉、神农井、五谷畦	神农城下		炎帝培育五谷之地;百姓祈雨之地	井壁井台遗存

表3（续）

序号	名称	地址	年代	文化标志	现状
7	祭天坛(祭天台)	羊头山清化寺后		炎帝祭天祭地祭祖宗之地	遗址修复
8	羊头山石窟群	羊头山南麓	北魏	北魏迁都洛阳时建造石窟的过渡带，研究佛教传播路线和石窟建造史的重要实物资料	
9	四面造像塔(北魏造像碑)	羊头山东山顶	北魏	晋城最早的古建筑实例；神农羊图腾与新的宗教意识形态的融合	佛龛清晰可辨
10	清化寺(定国寺、洪福寺)	羊头山山腰	北魏定国寺、洪福寺；武则天天授二年(691)重建，改清化寺	《清化寺碑》盛赞炎帝神农氏丰功伟绩；明正德二年(1507)立碑载"神农游履于羊头山，尝谷于此"；宋哲宗元符二年(1099)墓志铭有"泽州高平县神农乡团池村"字样	上清化寺仅存遗址；中清化寺(又名六名寺)位于羊头山山脚，建于唐贞观六年(632)，遗址重建了神农庙；下清化寺位于神农镇团东村，规模宏大

表3（续）

序号	名称	地址	年代	文化标志	现状
11	神农庙(六名寺重建而成)		不详	《清化寺碑》详尽记述了炎帝和他的儿子农官柱在羊头山尝百草种五谷教民稼穑的光辉业绩	一庙两神:释迦如来、炎帝,唐牛元敬《清化寺碑》立于门内
12	炎帝行宫(黄花观)	高平城北故关村	不详,明成化十一年(1475)《重修神农炎帝行宫碑记》载:"神农炎帝行宫,磐基在故关里村前,肇建太古,无文考验。"《大石坡创炼碑记》云:"诗云,高岸为谷,殆为此矣。"清光绪十年(1884)《改修炎帝行宫碑记》:常思上古穴居而野处,后世圣人易之以宫室,上栋下宇以待风雨,余村行宫由来久矣。"	《魏书》:"谷关在羊头山下""羊头山下有神农泉,北有谷关,即神农得嘉禾处";"遍陟群山,备尝庶草"时出行休息之所,居民"春祈秋报者在此,转凶迪吉者在此";炎帝行宫目前在国内仅此一处	明清屡有重建和修葺,现存明碑4通,清碑4通,供奉炎帝三太子,对祭祀炎帝的活动多有记载。

表3（续）

序号	名称	地址	年代	文化标志	现状
13	炎帝中庙（古中庙）	高平城北下台村（中庙村）	不可考，明万历十三年（1585）碑载："唯大明国山西泽州高平县丰溢乡下台村敕封神农庙""因奉敕建立，其来远矣，创兴之始，尚不可考。"重修则于至元元年（1335年）	是一处年代最为古老重要的炎帝文化遗存，全国保存最古老的一座祭祀炎帝的殿宇；太子殿有元至正二十一年（1361）立碑云："创建神农太子祠并子孙殿志""羊头山故有神农氏祠，环山居民岁时奉祀"；清康熙年间所立后院正殿碑碣记述了炎帝神农氏尝五谷造福于民的伟绩，可见神农炎帝农耕文化在高平各村祠庙受到的尊崇方式与文化信息	明天启三年（1623）镌刻"炎帝中庙"，后殿梁架彩绘金龙，为帝王敕封明证，规格高，保存完整，国家级重点文物保护单位
14	上庙（五谷庙）	高平城北庄里村			

表3（续）

序号	名称	地址	年代	文化标志	现状
15	下庙	高平城东关炎帝庙			现已不存
16	炎帝寝宫（团西炎帝庙）	高平神农镇团西村	建筑残存构件可见跨越金元明清数个朝代	后殿墙壁有炎帝夫妇画像壁画，为现今国内唯一的神农炎帝夫妇画像	前宫后寝，一庙多祀
17	中村炎帝庙	高平神农镇中村村	元大德年间	殿内木架梁上绘有明代精美沥粉贴金龙纹、麒麟纹等彩绘图案，现存康熙、乾隆年间补修碑记两通，民国八年（1919）碑记一通	现仅存中殿、春秋楼、桓侯楼
18	西沙院村炎帝庙	高平神农镇西沙院村	不详	清道光三十年（1850）《创修戏室碑记》：吾乡吾县之北，村之南，旧有炎帝庙，春祈秋报，神灵既妥，陈俎设豆，民情亦伸	已维修

表3（续）

序号	名称	地址	年代	文化标志	现状
19	三甲北村炎帝庙	高平三甲镇三甲北村	不详，庙内碑文载明万历三十年（1602）重修，顺治、咸丰年间都有维修	现存明代补修碑三通，清代补修碑一通、布施碑一方。清顺治十八年（1661）《三甲北村补修炎帝庙碑》对神农炎帝丰功伟绩予以概括	现存清代建筑
20	徘徊北村炎帝庙	高平三甲镇徘徊北村	不详，明万历三十九年（1611）重修，清康熙、乾隆年间屡有修葺	庙内现存明清补修碑7通，清乾隆十八年（1763）《增修炎帝庙舞楼记》对炎帝功绩多有记述	正殿为明代遗构
21	赤祥村炎帝庙	高平三甲镇赤祥村	不详，"按碑稽古，重修于明季正德四年（1509），再重修于崇祯五年（1632）"，清康熙二十年（1681）"又扩充而增修之"清咸丰八年（1858）又予补修	对神农炎帝之伟绩之记载较其他为详	

表3（续）

序号	名称	地址	年代	文化标志	现状
22	西羊头山（神头岭）及炎帝老庙	高平寺庄镇神头村	创建年代不详，但唐时已有，庙内残碑记载，金大定、清嘉庆、道光、咸丰、光绪、民国年间均有修葺	西羊头山与高平市北韩王山、东羊头山连成一片，覆盖了上游丹水流域，附近有釜山、贾村、高良，加上相邻神头村，是炎帝神农活动的主要地区之一。清道光二十年（1840）《补修炎帝庙碑记》载：帝生于高平东羊头山，相传种五谷，尝百草处也，西羊头山俗呼为神头岭，建有帝庙……残碑犹可考	"文化大革命"期间庙宇被拆，仅剩基址，散存砖瓦构件和部分碑碣
23	贾村炎帝庙	高平寺庄镇贾村	创建年代不详，清道光九年（1829）、民国三年（1914）均有修补	《贾村补修庙碑记》："所以报帝之功德，不忘本也。"农历三月十五，庙会请回并祭祀炎帝	现存为清代建筑风格

表3（续）

序号	名称	地址	年代	文化标志	现状
24	高良村炎帝庙	高平寺庄镇高良村	创建年代不详	建筑形制沿袭金元做法，比较完整；农历二月十三庙会祭祀炎帝	现为明清遗物
25	炎帝岭（高庙山）	高平城村北何野界与王川交界处		神农炎帝尝百草，创医药，为民治病之地，国内唯一以"炎帝"称谓命名的山岭，炎帝岭南坡地名药草坡，岭南有南沟村，原名"难沟"，为神农炎帝尝百草中毒之地。药草坡偏西蒲沟村有神农药王庙 今有"炎帝岭上无蚂蚁"的传说 同有神农泉、神农池、神农井，神农高庙	

表3（续）

序号	名称	地址	年代	文化标志	现状
26	炎帝高庙	炎帝岭上平地	创建年代不详	殿中塑有炎帝、后妃和太子像。农历七月初五炎帝忌日，附近六村三社举行庙会，从初四至初七，为期4天，开戏前有祭祀炎帝的传统，全国独一无二 当地人对炎帝信仰笃深 与羊头山高庙相依存，都在四月初八炎帝诞辰之日举办庙会，同期祭祀炎帝	大跃进时被拆除，庙会地点改在后沟村
27	杜寨村炎帝庙	高平野川镇社寨村	创建年代不详，清康熙二十三年（1684）、雍正九年（1731）、道光九年（1829）有增修、补修	殿内墙壁留有题记三则，崇山峻岭中建庙专祀炎帝，说明始祖功高德重，备受后人尊崇	现存有山门、正殿、配殿、东西耳房

表3（续）

序号	名称	地址	年代	文化标志	现状
28	常家沟村炎帝庙	高平野川镇常家沟村	创建年代不详，清康熙十年、康熙十三年（1671）、乾隆十三年（1674）、嘉庆七年（1802）均有修缮	现存清代重修碑6通，民国记事碑一通 神奇宝瓶传说 农历六月初六庙会祭祀炎帝	现存舞台、山门、正殿、配殿、耳殿、厢房；现存清代建筑，2010年全面维修

表3（续）

序号	名称	地址	年代	文化标志	现状
29	发鸠山(西珏山）	太岳山口段，与长子县界山，与羊头山相连	"九窑十八洞"多为明清建筑	上党地区四大道教名山之一；泉神庙为祭祀炎帝少女女娃(精卫)所建，宋徽宗正和元年赐名"灵湫庙"，庙中祀女娃及其母亲和姐姐，后有多次重建、增建和扩建；现存有宋至民国古碑20多通，是为炎帝神农氏在上党创始农耕，以精卫填海精神激励后人的见证发鸠山主峰东麓有女娃祠，主祭精卫女娃，残存有砖文"大海""波万丈"字样，残留石灰岩碑刻有"精卫鸟"图案发鸠山主峰西北山坡密林有皇姑坟一座	女娃祠，庙宇残破，殿内塑像全无，砖砌供台尚存皇姑坟被盗掘，墓顶全开，石雕墓室构建保存完整，散置断柱残枋

表3（续）

序号	名称	地址	年代	文化标志	现状
30	仓颉庙（朗公庙）	高平北十五里朗公山，与羊头山比邻	无考	《路史》谓：史皇，神农后。神农已作《穗书》，书与穗相因起 残碑刻有"朗翁者，仓颉也，姓侯冈" 明天启三年（1623）碑刻"仓颉神址，佐结绳之穷，开万世同文之源也，其来远矣" 朗公山下永录乡上扶村、扶市村、东庄村均建有仓颉庙，东庄村仓颉庙清雍正九年（1731）刻石"受图创字"和"六书始详" 传说仓颉被炎帝赐姓朗，曾在炎帝手下工作，帮助炎帝制工具，育五谷，制草药，被炎帝封为部落"屏封" 据说仓颉造字感动上苍降下"谷子雨"，遂有谷雨日，联合国将谷雨日定为中文日	朗公山上仓颉庙已毁，有残碑 现有上扶村朗公仓颉庙

表3（续）

序号	名称	地址	年代	文化标志	现状
31	羊头岭（黎侯岭）	高平羊头山以北，现属长治县管辖范围		与羊头山一脉相连，同有上古姜、羌氏族羊图腾的文化印记，同处于炎帝神农氏"遍陟群山，备尝庶草"近距离范围，同为神农尝百草的遗址遗迹	

第二节　五大神农信仰圈的形成

在历史演进过程中，全国形成了山西高平羊头山、陕西宝鸡常羊山、湖南炎陵县、湖北随州、台湾新北和高雄为中心的五大神农炎帝信仰圈。

（一）高平羊头山到洛阳周边神农炎帝信仰圈

高平羊头山为中心的神农信仰圈除了羊头山为中心的古上党区域外，还辐射到了周边的河南洛阳、沁阳、淮阳等区域。

洛阳炎帝庙有三个，多为近现代祠宇庙堂，分别为：孟津炎帝庙，洛阳西关坛角西炎帝庙，伊川平等乡大莘店之石龙地区炎帝庙。孟津炎帝庙位于孟津横水镇寒亮村，占地500余亩，是以神农炎帝文化为背景的主题部落景区。伊川平等乡大莘店之石龙地区炎帝庙，自称第几代神农某某的故里。

河南沁阳有关神农氏的传说极为丰富，有关神农氏的传说主要包括镢头沟和碓臼沟、神农坛的由来、神农十二经脉、神农山留驾庄地黄史传、神农山谷的传说、神农庙与山神小庙、神农仙茶——冬凌草、轩辕氏百草洼访贤、山药沟等。2002年沁阳创建了中华祭祖坛，上下分3层，圆形，上层是一尊炎帝坐像，高9.9米，重29吨，青铜铸造。炎帝头生两角（头饰），手捧谷穗，面容慈祥。坛底层周围是 12 幅反映炎帝生平事迹的浮雕，坛前为神农文化广场。

河南淮阳 1993 年创建五谷台（庙），位于距淮阳县城东北 5 千米处的五谷村。五谷土台高约 2 米，广约 3 亩，上建有 3 栋房子，正殿坐西朝东，面宽 3 间，进深 2 间，门额上方悬挂"炎帝神农殿"牌匾，内塑炎帝坐像。正殿左侧是炎帝之妻"听詙宫"，内塑听詙像；右侧为炎帝之女"精卫宫"，内塑精卫像。在庙旁有眼"神农井"。

2007 年，河南郑州炎黄广场竣工。炎黄广场位于郑州市区北黄河风景名胜区内，长 500 米，宽 300 米，从邙山前一直延伸至黄河老滩，总面积 15 万平方米。环广场有 40 米宽的常青林带，计 5.2 万平方米，栽植松、柏和银杏等常青树。广场按地形分为三级：一级广场顶达东西长 120 米，南北宽 55 米，面积为 6 600 平方米；底边东西长 135 米，南北宽 60 米，底面积 8 100 平方米。东、西各有 16 级台阶与二级广场相连，东、西两侧台阶各宽 16 米。二级广场东西长 220 米，南北宽 145 米，可用面积约 21 600 平方米。三级广场总面积 65 000 多平方米。炎黄二帝巨型塑像从 1987 年开始至 2007 年，历时 20 年完成一期工程。总投资 3 亿多元。2007 年 4 月 18 日（农历三月初三）举行了有 3 万多人参加的规模空前的落成庆典。

（二）陕西宝鸡常羊山神农信仰文化圈

宝鸡正式修祠建庙是始于唐代。具体时间无文字记载，地址在今渭滨区神农镇峪泉村。现存神农庙有文字记载始于清代。清《凤翔府志》和《宝鸡县志》记载："神农庙：一在县东郊，一在县南郊九龙泉上。"乾隆十四年（1749）对神农祠进行了一次小修葺。以后神农祠因年久失修而"垣墉圮颓，断碣仆地，泉井四旁，垒块牙错，殊失庄严"。乾隆三十年（1765），邑人许起凤倡导，"附近居人，竞发诚愿，谋修亭宇"，"莫不踊跃从事"，"不数月而工告成"，对神农庙进行了一次较大规模的修缮。①

（三）湖北随州神农炎帝信仰文化圈

《湖北通志》载："神农氏起烈山，为烈山氏，今随历多是也。"烈山又名历山，因又作历山氏。随州市东北60千米历山神农洞因神农氏诞生于此而得名。昔日上建有神农庙，内塑其像，常年祀之。后屡修屡毁，仅存神农洞。

湖北随州神农炎帝故里坐落在湖北省随州市随县厉山镇九龙山南麓。新建的景区于2009年炎帝生辰之前竣工，并于农历四月二十六成功举办首届"世界炎帝神农寻根节"。2009年11月份，随州炎帝神农故里风景区荣获国家旅游总局AAAA级景区称号。在炎帝神农烈山名胜区内，建有炎帝神农洞、炎帝神农碑、炎帝神农纪念广场、炎帝神农纪念馆、炎帝神农牌坊等纪念性建筑物。炎帝神农烈山名胜区规划建设，以"建筑返古、环境还野"为特色，规划建成"世界烈山宗亲会馆""祭祀朝圣""圣遗迹游览""大同街市""炎帝故里经济技术开发""服务接待管理"6个区，兴建修复炎帝神农殿、烈山大宗祠、圣贤殿、功德殿、神农庙、安登泉、百草园、观天坛、神农九井等景点。

湖北神农架神农坛属于这一文化信仰圈。神农架林区位于湖

---

① 陕西炎帝志编写组：《炎帝志》，西安：三秦出版社，2009年。

北省西部，传说炎帝曾在此地搭架采药，由此而得名为"神农"。1997年在此修建神农坛位，炎帝塑像下设有天坛和地坛，连接天坛和地坛的是按帝王九五之尊之意而设计的墀阶，级数都是9的倍数。地坛的下方是祭祀广场。

（四）湖南炎陵县神农炎帝信仰文化圈

晋皇甫谧《帝王世纪》载："炎帝在位百二十年，崩，葬长沙。"这是湖南最早有炎帝陵的记载。而炎陵县正式祭祀炎帝始于宋代，清道光年间《炎陵志》载：宋王朝建立，宋太祖赵匡胤奉炎帝为感生帝，便遣使臣遍访天下占陵，在茶陵县南50千米之康乐乡鹿原陂觅得炎帝陵，遂于乾德五年（967）建庙奉祀。宋太平兴国年间（976~987），乾德五年（967）于茶陵县南五里处重建新庙。宋孝宗淳熙十三年（1186），废陵前唐兴寺而重建炎帝庙。淳熙十四年（1187），天下大旱，宋孝宗诏衡州府修葺陵庙，祈雨禳灾。宋宁宗嘉定四年（1211）析茶陵县康乐、霞阳、常平三乡置酃县。此后，炎帝陵所在地鹿原陂归酃县境内，隶衡州路管辖。宋淳祐八年（1243），湖南安抚使知潭州陈靴奏请对炎帝陵进行修葺。同年，宋理宗诏准，对炎帝庙进行了一次较大的修葺。

湖南神农炎帝文化信仰圈还包括郴州、株洲、耒阳神农炎帝信仰文化。郴州有神农先创水稻于嘉禾，后制耒耜于耒山的传说。2000年，郴州市人民政府于城南新区兴建五岭广场，雕塑了炎帝像。湖南株洲的炎帝陵自宋乾德五年（967）建庙开始，"立庙陵前，肖像而祀""三岁一举，率以为常"，形成定例。北宋在位150余年中祭祀50多次，元明两代祭祀活动不断，清代更频繁隆重，极一时之盛。历代王朝祭祀碑文多达53通，其他碑碣石刻

20余通。株洲市人民政府1994年出资兴建神农公园、神农阁、炎帝广场。耒阳传说因神农在此"创耒",秦时名耒县,汉改为耒阳县,过境之水亦称"耒水"。2004年市政府在耒阳县城内兴建神农广场。

另外,在遂川与炎陵县分水岭的鹫峰之上有营盘圩神农庙,属江西省,位于海拔1800多米高山上,湘赣两省百姓称该庙宇叫"鹫峰仙",面仅存"炎帝圣母春风裙座位"神牌、高度不足半米的女神石像、石鼎、香炉及其他祭祀用品。

(五)台湾神农炎帝信仰圈

神农炎帝信仰随大陆农业文明而传入岛内,信仰主要源自闽粤两省,岛内神农炎帝庙宇的兴建,大致有四重动因:一是"自家乡观奉"赴台立庙,二是为"开垦求福"面公议立庙,三是地方绅士"招募立庙",四是"偶然机缘立庙",反映了岛内民众初建炎帝神农庙宇的方式及其内在诉求。其一,神农炎帝不仅是中华民族重要始祖,而且是原始农业文明开拓者,而岛内也具有农本思想背景。其二,汉族移民带入神农炎帝信仰并极尽崇拜;明末清初闽粤等沿海民众移民台湾,先民在披荆斩棘、筚路蓝缕之际,首要问题是在蛮荒瘴疠中确保生命安全及拓垦家园,因此对于风调雨顺、五谷丰登、消灾解厄、驱病解疾有着强烈需求,特别需要神农炎帝不畏艰险、奋勇开拓的精神,神农大帝以其"八功"之德成为先民尊奉信仰的重要神祇,"能带来五谷丰登",故在先民从故乡迎来神农大帝香火后,修建庙宇祭祀并祈求保佑农业生产获得丰收,其信仰也随之播传台湾。清代官方还曾于岛内各府县设立神农坛与"耕耤礼"隆重祭祀神农。

第三节 神农茶祖与神农信仰的传播

神农信仰沿着茶叶传播的线路，形成了一条文化信仰融合之路。在我国南方的重要产茶区域，广东省、福建、云南产茶区形成了具有特色的祀农信仰活动。略述如下：

（一）广东省神农信仰

广东省神农信仰有4处。

梅州市五华县双华镇虎石村每年农历五月二十日都会举行祭祀神农的民俗活动。相传明末清初，虎石村旱情严重，村中长者提出应当祭祀炎帝神农，炎帝神农为农业之神，必会保佑虎石村风调雨顺。农历五月二十日，在长者带领下，在村中大榕树下举行祭祀，宣读《祭炎帝文》。自此以后虎石村风调雨顺。

普宁市船埔镇庵内村每年正月初十在神农古庙前，祈求神佛庇佑合境平安，五谷丰登。庵内村的神农古庙，建于明末年间，供奉的是神农五谷圣帝、伽蓝佛祖、公王老爷。

汕尾市陆河县东坑镇大陆村神农庙，始建于明朝崇祯十二年（1639），是御赐太常寺少卿叶高标为缅怀和瞻拜中华民族先祖神农大帝而修建，至今已有370多年历史。神农庙会是东坑的民间节日，神农庙庙会一般以年为周期，每年有4次活动，首次农历正月（选日）为向神农圣帝"许福"活动，祈求先祖保佑炎黄子孙一年四季无灾无难，合境平安，风调雨顺，国泰民安。第二次是四月纪念民族先祖诞辰。第三次是六月"暖福"活动，其意是复求先祖保平安。第四次是十二月份"酬福"庆典活动。

广州市番禺区鳌山古庙群神农古庙，门前是一面积约 19 平方米的方亭，由 4 根方形白石柱支承着雕花木梁，石柱高约 7 米，上刻对联"耕稼启专书，廿卷艺文留汉志；馨香隆上古，千秋未耜利农功"，落款"光绪丙申（1896）仲冬吉旦"。庙接方亭檐口，为青砖、白石、灰脊的封火山墙，硬山顶。头门石额刻"神农古庙"，墙楣绘有花鸟、山水、人物画数幅，十分精妙。其中中央最长一幅用篆书题款"春夜宴桃李园"，绘出大小 10 个人物，是按李白《春夜宴桃李园序》文意绘作的。

（二）福建省神农信仰

福建省神农信仰有三处。

诏安县五谷帝庙，也叫"东兴庙"，位于县前街最东端，与诏安建县同年所建，是一间占地只有二十几平方米的小庙，由拜亭与正殿组成。内奉五谷帝，即神农帝。

福建省永春县蓬壶镇仙洞山是泉州道教名山，山中炎帝庙始建于五代南陈末年，已有 1400 多年历史。据蓬壶陈氏族谱记载，隋代灭南陈，陈后主之子陈镜台带领家室逃难到此居住，他在此建真宝殿祭祀神农大帝。南宋著名理学家朱熹在此山游览后，曾写下了"千寻瀑布如飞练，一簇人烟似画图"的诗句。

福建武夷山是茶叶重要产区，神农信仰相对传播区域较大。这一带神农尝百草的传说与中原相同。其中略有差异的是神农氏多了一只獐鼠，民间敬称"獐狮"。一天，獐鼠吃了巴豆，腹泻不止，奄奄一息。神农氏就把它放在一棵树下。过了一夜，獐鼠奇迹般地好了起来。神农氏惊奇地发现，原来是獐鼠吸吮了从绿叶上滴落的露水才解了毒的。于是他赶紧摘下一片绿树叶放进嘴里品尝，顿感神志清爽、甘润止渴。再咀嚼片刻，没想到一股清香油然而生，顿时感觉舌底生津。他感到好奇怪，于是摘上几片绿叶带回去栽培，后来成林。他把这种叶边带有细齿的叶子叫"荼"。人们一传十，十传百，都把荼当成了饮料来用。后来，人们又把"荼"的名字改名现在的"茶"。

武夷山村野之民对神农氏的崇拜，还体现在御茶园祭祀茶神的喊山仪式上。元朝至顺三年（1332），建宁总管在通仙井之畔建筑一个高5尺的高台，称为"喊山台"，山上还建造喊山寺，供奉茶神。每年惊蛰之日，御茶园官吏偕县丞等一定要亲自登临喊山台，祭祀茶神。祭文曰："惟神，默运化机，地钟和气，物产灵芽，先春特异，石乳流香，龙团佳味，贡于天下，万年无替！资尔神功，用申当祭。"祭文中提到的"惟神""资尔神功"就是神农氏。据说，喊山之声能让远古的神农氏产生感应，神农氏听到了喊山声，就让御茶园里的一口井冒出了水。茶农喊一阵"茶发芽了！"井水就冒高一阵，后来这口井称为"通仙井"。武夷山民间以茶为祭祀礼品的现象很普遍，至今武夷山民间还保留着用盐、茶叶和米粒加樟树片放在一起燃烧，借此驱邪辟秽的习俗。

（三）云南勐库镇

云南勐库镇是重要的普洱茶产区，这里有着全省唯一的"神农祠"。勐库镇属云南省双江拉祜族佤族布朗族傣族自治县。勐库镇神农祠位于双江县南勐河上游勐库镇北部勐库大雪山万亩野生古茶树群落山脚的古茶谷中心地带。神农祠在两排平房的当中立着一尊高9.5米的雕像,雕像底座上写着"炎帝神农"4个大字。传说茶叶是神农氏在尝百草时发现的,因此把其雕像供于茶山。祠内塑有一尊采用雪花白石雕制而成的炎帝神农塑像,高9.5米,基座9米,宽4米。建有两间对称的传统民族风格房屋,左为茶展馆,右为茶艺馆。塑像基座四周及中心广场共铺贴大理青石板530.9平方米,从神农祠牌坊至炎帝神农塑像共有69级台阶。神农祠依山傍水,绿树成荫,两河交汇,环境优美,是游客休闲度假、朝拜茶祖神农之圣地。

(四)贵州省毕节市织金炎帝庙

炎帝庙位于城关镇城南路中段东北侧,建于康熙十年(1671)。坐北向南,由大殿、戏楼组成。大殿面阔5间,通面阔19米许,通进深19.5米,穿斗式木结构悬山青瓦顶,前后带双步廊,深1.9米。戏楼2层,通面阔9.12米,通进深7.12米,穿斗式木结构歇山青瓦顶。

(五)四川乐山炎帝庙

四川乐山炎帝庙位于苏稽镇沙嘴场(今苏稽供销社糖果厂一带),是一组巍峨壮观的建筑群,前后三大殿,配以两廊的数十间厢房及其殿后的杂屋。庙内供奉炎帝(神农),及其他神像百余尊。庙前有一块可容万人的广场,广场正对面的边缘有一座戏台。整座庙宇雕梁画栋,飞角流丹,在苏稽众多庙宇中非常突出。每年春秋二季、逢年过节都会在此举行盛大祭典,顶礼膜拜者络绎于途。民国年间曾在此创办沙嘴小学,朗朗的读书声淹没了诵经声，求学与拜佛，各行其道。

（六）甘肃天水炎黄庙

甘肃天水炎黄庙位于天水市麦积区街亭东的永庆村神农山。炎黄庙大概建于唐代。当地流传神农采药尝百草的传说。

神农信仰在全国各地茶叶产区都有地域性的影响，许多名茶传说中也有不少提到了神农的。对于神农炎帝尝百草，发明医药，制耒耜种五谷，制作陶器，开辟集市，联合黄帝打败蚩尤，发现茶等种种功绩的传说都不止一种，虽然各地的传说中结局和大体内容有相似之处，但更多的是根据自己民族的图腾、风俗习惯以及对美好生活的向往而编纂流传下来的。

第四节　高平神农信仰文化遗产保护行动

习近平总书记在致仰韶文化发现和中国现代考古学诞生100周年的贺信中指出，中国一系列重大考古发现"展现了中华文明起源、发展脉络、灿烂成就和对世界文明的重大贡献，为更好认识源远流长、博大精深的中华文明发挥了重要作用"。因此，应当加强高平神农炎帝信仰文化遗产保护利用和文化遗产保护传承，提高神农炎帝信仰文化遗产研究阐释和传播水平，让文化遗产真正活起来，把神农信仰融入社会主义精神文明建设中去，成为铸牢中华民族共同体文化意识的重要组成部分，成为扩大中华文化国际影响力的重要名片。

神农信仰文化遗产保护是中华民族文化共同体构建的重要内容，由两条传播线路组成，一条是上古农业发展从南向北的传播线路，一条是魏晋南北朝以来随着茶文化的传播而形成的南北融合之路。神农信仰文化遗产保护项目是跨省、跨地区的巨大的文化线路遗产，是构建中华民族文化共同体建设的文化发展之路。推进包括山西、河南、陕西、湖南、湖北、广西、广东、福建等区域的跨省市合作，积极开展文化交流、遗产保护、文艺创作、文化旅游等领域的区域性合作。

弘扬和传承神农炎帝信仰文化的融合精神，促进与两岸人员在文化研究、文物展览、人员培训、世界遗产申报与管理等方面开展国际合作。培育与神农信仰文化相关的舞台艺术精品，推进文化交流互访活动，丰富文化交流形式，扩大神农信仰文化遗产的影响力。

启动神农信仰文化遗产特色街区的建设，加快工艺美术产品、传统手工艺品与现代科技和时代元素的融合，壮大非遗特色产业基地，加快高平潞绸、高平药茶、高平民俗风情等传统技艺的龙头企业、重点项目和品牌产品的宣传，扶持非遗剧目、文艺作品的创作、展演和交流展示。加强以药茶产业为基础的康养文化研究，建设晋城康养产业大会中心区域。

以神农炎帝信仰文化遗产保护为基础，举办农业文化遗产文化论坛、茶文化交易博览会与茶文化论坛、康养产业发展经济论坛，进一步丰富神农炎帝信仰文化遗产内涵，培育相关产业信息，试点举办跨区域文化、产业、经济博览会，打造区域经济与文化中心形象。

以"数字高平"建设为契机，探索"智慧神农信仰文化遗产"博物馆的建设。5G传输、AR和XR技术的开发突破了当下对沉浸式展览体验的理解，从宏大的历史片段呈现到文物考古学、器物学、艺术学上的微观显示，超越了以往人们视觉、听觉、触觉上的感官经验。大数据的靶向性分众定位，云计算的超级演算AI能力，这一切不仅改变了知识的传播方式，更提升了人们的满足感和幸福感。大力推进文物三维数字化采集，摸清家底，建立文物数据库，夯实文物保护基础；稳步推进"智慧博物馆"建设，优化文化遗产保护环境。另一方面"紧跟时代强服务"，以观众为中心，全面提升智慧服务水平。

建立完善全市神农信仰非物质文化遗产档案管理体系，运用现代传播技术，全面提升拓展文化遗产展示、展演水平和传播能力。编撰出版文化遗产成果系列丛书，为传承、研究、宣传、利用文化遗产留下珍贵资料。

积极探索历史文化旅游融合发展新模式。整合高平市全域旅游资源，建立旅游资源开发利用平台。以神农炎帝信仰文化遗产保护开发为基点，形成一条重点旅游线路，增进游客对神农炎帝信仰文化遗产的了解，推动历史文化与旅游融合，提升高平全域旅游品质。多渠道与旅游艺术品创意开发企业合作，以高平市物质文化遗产为创意原型，开发工艺美术作品，申请专利知识产权保护，建设高平市旅游工艺品市场。

——附录——

附录一

历代茶书

一、唐代茶书类著作

《茶经》，唐代陆羽撰。陆羽，字鸿渐，一名疾，字季疵，号桑苎翁。生于唐玄宗开元二十一年（733），复州竟陵（今湖北天门）人，故又号竟陵子。"安史之乱"时，他隐居于湖州苕溪之滨，完成了《茶经》等书。除《茶经》外，还有《顾渚山记》《茶记》《泉品》《毁茶论》《五高僧传》《教坊录》等。《茶经》共三卷，十类，7000余字。卷上列"一之源"、"二之具"、"三之造"等三类。其中，"一之源"讲茶的起源、名称、特征和品质，"二之具"谈采茶、制茶的工具，"三之造"论茶叶的种类及采制方法。卷中为"四之器"，列煮茶、饮茶的器皿及用具。卷下列"五之煮""六之饮""七之事""八之出""九之略""十之图"等六类。其中，"五之煮"讲煮茶的方法，并讨论各地水质的优劣；"六之饮"谈饮茶风俗；"七之事"叙述有关茶的典故、产地和疗效；"八之出"分析各地所产茶叶的优劣；"九之略"指出可以省略的茶具、茶器；"十之图"教人将茶经写在绢布上悬挂。《茶经》虽只有7000余字，但可谓是古代的茶百科全书，时至今日，《茶经》仍然是人们研究茶文化的重要资料。在《茶经》中，陆

221

羽将各类茶学知识分门别类，详述了茶的起源、历史、种类、制茶法、饮茶法、茶具等。用现在的专业学科来分析，这些内容涵盖了植物学、地理学、农艺学、药理学、制茶学、生态学、水文学、民俗学，甚至铸造及制陶方面的知识，称《茶经》为古代的茶百科全书一点也不为过。《茶经》是中国第一部系统地总结唐代及唐代以前有关茶事的综合性茶叶著作，也是世界上第一部茶书。收集历代茶叶史料，记述亲身调查和实践的经验，是中国古代最完备的一部茶书，对茶叶生产的发展起过一定的推动作用，也为茶文化的繁荣奠定了基础。

《煎茶水记》原名《水经》，唐张又新撰。张又新，字孔昭，深州陆泽（今河北深县西南）人。唐宪宗元和九年（814）状元。《煎茶水记》成书于唐敬宗宝历元年（825），共一卷，是古代论述煎茶用水的专著。本书卷首列举了刑部侍郎刘伯业所品定的"七水"（扬子江南泠水第一、无锡惠山寺石水第二、江苏虎丘寺石水第三等），后面又列举了陆羽所品定的"二十水"（庐山康王谷帘水第一、无锡惠山寺石泉水第二、蕲州兰溪石下水第三等），说明了水的好坏直接影响了茶的风味，强调了在煎茶过程中水的重要性。《煎茶水记》没有从整体上论述茶文化，而是从煎茶的一个重要环节入手，进行深度阐述，也是一部十分重要的茶书类著作。

《采茶录》，唐温庭筠撰。温庭筠（约812—870），本名岐，字飞卿，太原祁（今山西祁县）人，又名温八叉，宰相温彦博之商孙。《崇文总目》注明此书"缺"，说明《采茶录》宋时已经亡佚。《说郛》卷九三下所收录的《采茶录》，只有辨、嗜、易、苦、致等五目，不足400字，共记载了六条茶的故事。其中，又以"茶须缓火煎"的论述比较有价值。

《十六汤品》又称《汤品》，晚唐苏廙撰。苏廙，事迹无考。本书是研究唐五代时期烹茶、饮茶的重要文献，成书于900年前后，仅一卷，被《说郛》卷九三下、《文章辨体汇选》卷七七〇等收录。

早在汉代时，茶就已经成为一种饮品，当然茶的药用价值依然存在。在两晋时，茶就已经进入平民百姓的生活，饮茶之风渐起。到了唐朝时，茶早已成为平民百姓最主要饮品之一，在政治经济文化都高度繁荣的唐朝，茶已经不单单是一种饮品了，在文人的影响下，茶入书入诗，茶文化逐步昌盛，于是在唐朝时期，"茶"逐渐成为一种文化象征、精神象征，最后，随时间流逝，在唐朝拥有了独特而璀璨的茶文化。唐代陆羽的《茶经》更是开了茶书类著作的先河，让后来的人对茶文化有了一个比较具体、完整的认识。

二、宋代茶书类著作

宋代以前茶书类著作屈指可数，但至宋代，这种情况大为改观。

《茶录》，宋代蔡襄撰。蔡襄（1012—1067），字君谟，谥号"忠惠"，兴化仙游（今福建仙游）人，《宋史》有传。蔡襄生于茶乡，习知茶事，两知福州，采造北苑贡茶，茶文化造诣颇深。《茶录》成书于宋仁宗皇祐三年（1051），是蔡襄为朝奉郎、右正言、修起居注时进呈皇帝御览的。《茶录》全书共一卷，分上、下两篇。上篇为"论茶"，分色、香、味、藏茶、灸茶、碾茶、罗茶、候汤、熁盏、点茶十节，论茶的品质和收藏、烹饮方式；下篇为"论茶器"，分茶焙、茶笼、砧椎、茶钤、茶碾、茶罗、茶盏、茶匙、汤瓶九节，论烹茶所用器具。《茶录》是宋代茶书的代表作之一，也是中国传统茶艺形成的标志。《茶录》对研究宋代饮茶习俗也具有一定的参考价值。

宋以前，人们对茶的认识大多还停留在饮用上，以茶入书入诗也只是在诗文中融入了茶元素。到了宋朝，各家文人墨客们以诗会友，以茶会友，将茶文化与儒道精神相结合，形成了一种新的品饮审美方式——"点茶"茶道礼仪，使茶艺真正成为一种艺术形式，与音乐、舞蹈一样具有观赏和表演性，由此也带动了茶馆、茶肆的发展。

除《茶录》外，宋代茶书诸多：宋徽宗赵佶《大观茶论》、黄儒《品茶要录》、熊蕃《宣和北苑贡茶录》、赵汝砺《北苑别录》、宋子安《东溪试茶录》、南宋审安老人《茶具图赞》、叶清臣《述煮茶泉品》、唐庚《斗茶记》、陆师闵《元丰茶法通用条贯》、丁谓《北苑茶录》、周绛《补茶经》、刘异《北苑拾遗录》、沈立《茶法易览》、吕惠卿《建安茶用记》、蔡宗颜《茶山节对》、《茶谱遗事》、曾伉《茶苑总录》、章炳文《壑源茶录》、桑庄《茹芝续茶谱》、佚名《茶苑杂录》、范逵《龙焙美成茶录》、王庠《蒙顶茶记》、佚名《北苑修贡录》、徐昼《泾县茶场利便》、林特《茶法通贯》等茶书。这些茶书多数已经亡佚，现存的宋代茶书专论茶艺的有蔡襄《茶录》、专论茶法的有沈括《本朝茶法》，而专论建茶的茶书最多，有丁谓《北苑茶录》、周绛《补茶经》、刘异《北苑拾遗录》等。可见茶文化在宋代是很兴盛的。

三、明代茶书著作

《茶谱》，明朱权撰。朱权（1378—1448），明太祖朱元璋第十七子，号臞仙。《茶谱》在正文之前，有200字左右的序，其文辞锦然。在序中，作者简洁地道出了茶事是雅人之事，用以修身养性，绝非普通人可以了解，显示出其作为王室贵胄傲气甚高的姿态。《茶谱》正文由"茶说"和"茶目"两部分组成。"茶说"500多字，文辞雅丽。朱权还对陆羽《茶经》、蔡襄《茶录》作了评价，认为在众多的茶书中，唯有此二人得茶中真谛。同时，又指出陆羽的不足，"盖羽多尚奇古"，将茶"制之为末，以膏为饼。至仁宗时，而立龙团、凤团、月团之名"。他认为饼茶不如叶茶，"烹而啜之，以遂其自然之性也"。明代始兴炒青法，使叶茶进入人们的生活，叶茶保存了茶叶自然的色香形味，明人无不欣然改变原来的饮茶之法而以开水冲泡叶茶。这种饮茶方式风行至今，令人不得不佩服朱权的这种远见卓识。最后，朱权指出饮茶所要臻至的最高境界是："会于泉石之间，或处于松竹之下，或对皓月清风，或坐明窗静牖，乃与客清谈款语，探虚立而参造化，清心神而出神表。""茶目"共分"品茶""品水""煎汤""点茶""收茶""薰香茶法""炉""灶""磨""碾""罗""匙""瓯""瓶"等16目，涉及茶的饮用、保存，熏香茶的制作和茶器等。其中观点，不无道理。如朱权认为品茶应品"谷雨"茶，用水当用"青城山老人村杞泉水"、"山水"、"扬子江心水"和"庐山康王洞帘水"，煎汤要掌握"三沸之法"，点茶要经"盏"、"注汤小许调匀"、"旋添入，环回击拂"等程序，并认为"汤上盏可七分则止，着盏无水痕为妙"；保存茶时，"茶宜蒻叶隔而收"，"焙用木为之，上隔盛茶，下隔置火"；熏香茶时，所用的花"有香者皆可"，"有不用花，用龙脑熏者亦可"等等。朱权所列的十种茶器多为烹点饼茶所用之器，这也从一个侧面反映了明初饮茶之风尚处于饼茶烹点向叶茶冲泡的过渡阶段。

《茶录》，明张源撰。张源，字伯渊，号樵海山人，江苏包山（太湖洞庭西山，在今江苏震泽）人。为人志甘淡泊，号称隐君子，"隐于山谷间，无所事事，日习诵诸子百家言。每博览之暇，汲泉煮茗，以自愉快。无间寒暑，历三十年，疲精思，不究茶之指归不已"。全书分"采茶""造茶""辨茶""藏茶""火候""汤辨""汤用老嫩""泡法""投茶""饮茶""香""色""点染失真""茶变不可用""品泉""井水不宜茶""贮水""茶具""茶盏""拭盏布""分茶盒""茶道"等23条。此书内容简明，大多是结合明代饮茶生活实际和作者个人的切身体会论说，尤其是关于泡茶道的论说极有价值。该书第一次对壶泡茶艺进行了全面的论述，是为泡茶道的经典之作，也是中国茶书的代表作之一。在中国茶道史上，张源《茶录》之于泡茶道有如蔡襄《茶录》之于点茶道。韩国茶圣草衣禅师更是将张源《茶录》翻译成韩文，更名为《茶神传》，可见其价值之高！是书刊本仅见《茶书全集》本，目录题作《茶录》，而正文则题作《张伯渊茶录》。

明代茶书还有：钱椿年《制茶新谱》、顾元庆《茶谱》、徐献忠《水品》、田艺蘅《煮泉小品》、陆树声《茶寮记》、许次纾《茶疏》、熊明遇《罗岕茶记》、周高起《阳羡茗壶系》、万邦宁《茗史》、何彬然《茶约》等。

附录二

贡茶文化

一、唐代贡茶文化

唐肃宗年间（756—762），常州义兴阳羡茶（即江苏宜兴茶）被列为贡茶珍品。阳羡茶，早在汉代即闻名于世了。在唐代被列为贡茶之后，更享有盛誉。茶圣陆羽品尝阳羡茶赞之为"芳香冠世产"，并有诗云："天子未尝阳羡茶，百草不敢先发芽。"朝廷为了保证阳羡茶的来源，特派茶史太监赴唐贡山及顾渚茶山设"茶舍"和"贡茶院"，专管贡茶的采制、品鉴和进献。唐代诗歌作品中有不少描绘采制贡茶的情景，如白居易、杜牧、李野、卢仝、袁高等在他们的诗歌作品中，对当时采制贡茶的情景及给贡茶产地茶农造成的沉重负担，从不同侧面作了生动描绘和深刻的揭露。因为一些诗人当时就是奉诏修茶的地方长官，他们的作品是由衷而发，具有宝贵的史料价值。

二、宋代贡茶文化

宋代的贡茶、税赋繁重，给茶民造成了沉重负担。据史料载，仅在太祖乾德元年（963）泉州陈洪进贡茶上万斤。荆南府进贡片、散茶8700多斤。唐代的贡茶推崇义兴（江苏宜兴）阳羡茶、湖州顾渚紫笋和四川蒙顶茶，而到了宋代则以建安为贡茶之

227

上品。当时还设有专门的御茶园——北苑御茶园：建安之东三十里凤凰山麓北苑及其周围地区均列为御茶园。计有：九案、十二陇、麦案、壤园、游龙案、小苦竹、苦竹里、凤凰山、带园、官平、和尚园、罗汉山等共46所，方圆30多里。自官平以上为内园，官坑以下为外园。其中"九案、十二陇、小苦竹、张坑、西际又为禁园之先也"。其地所产之茶，均属上品。在太平兴国年间初定为御焙。每岁焙制珍品龙团凤饼，以献宫廷。至仁宗庆历年间，执掌茶事的转运使更加重视贡茶，品目日益增多，工艺益精湛。北苑所产之茶，"独冠天下，非人间所可得也"。

三、元代贡茶文化

国有兴亡之运，而贡茶产地亦有盛衰之时。宋代推崇建安之御焙贡茶，而到了元代，宫廷贡茶的主要产地又转移到福建的岩茶产地——武夷山区。元代官府为督办贡茶，于大德六年（1302）在福建崇安县城南15公里的武夷山四曲建立"御茶园"，又称"焙局"。创建之初，建有仁风门、拜发殿、神清堂及思敬、焙芳、宜寂、宴嘉、浮光等诸亭，附近还设有更衣台等建筑。

四、明代贡茶文化

明太祖（1368—1398）年间，全国贡茶额的分配是：南直隶500斤，浙江552斤，江西405斤，湖广200斤，福建2350斤。其中福建所产贡茶不仅数量最大，而且质量也越来越好，如探春、先春、次春、紫笋及荐新等名茶，都被视为珍品。太祖还规定，生产贡茶的茶户，可以免除其他课役。明代的贡茶在立国之初纳贡地区范围较小，数量亦较少；随着时间的推移，贡茶地区范围不断扩大，数额亦暴增不已。到了明朝中后期，朝廷的贡役之重，已使民众苦不堪言了。

五、清代贡茶文化

清代历朝皇帝（特别是乾隆）好茶，清代宫廷饮茶是颇为盛行的。清廷内务府设有御茶房，由一名管理事务大臣主管，设尚茶正、尚茶副各1名、尚茶11名。御茶房原址在乾清宫东庑，内臣直庐三楹，由清圣祖康熙皇帝御笔题匾额。除御茶房之外，还设有皇后茶房、寿康宫皇太后茶房。每日贡茶分例皆有定例，按常例一年御用茶能达5000多斤，且全为佳品。

曾被列入贡茶的当今名茶有（部分）：

浙江：西湖龙井、顾渚紫笋、雁荡毛峰、金华举岩、日铸雪芽；

安徽：六安瓜片、敬亭绿雪、涌溪火青、霍山黄芽；

福建：白茶、天山清水绿、武夷大红袍、安溪虎丘铁观音、武夷肉桂；

湖南：君山毛尖、毗庐洞云雾茶、官庄毛尖、南岳云雾、古丈毛尖；

江苏：碧螺春、花果山云雾茶、宜兴阳羡茶；

云南：普洱茶；

台湾省：文山包种茶。

附录三

茶的商业化和娱乐化

　　唐朝是繁荣强盛的大朝代，经济的发展与规模有长足的发展。但是在唐朝初期，社会经济以自然经济为主，商品经济处于复苏阶段，水平很低。唐代的城市商品经济尚处于成长的胚芽时期。唐代的商业虽然很繁荣了，但是更多的是手工业的发展，娱乐方面的商业链还没有完全形成。所以茶在当时尽管已经为大众所接受，但商业化和娱乐化还不够彻底，至多停留在"品茗"阶段，作为文人雅客小聚的一种方式。

　　农业和手工业的进一步发展，尤其是一些地区商品生产的发展，以及人口大幅度增长，促进了宋代国内市场的扩大和国外市场的开辟，为当时商业的兴盛奠定了良好的基础。虽然就全国范围而言，自给自足的自然经济依旧占据主导地位，但与以前各朝相比，宋代商业有了长足的进步却是不争的事实。优秀的农业基础为工商经济的繁荣创造了广阔的市场空间，新兴的市民阶层诞生，富庶安逸的生活使宋人消费意识变得强烈，茶坊、酒市、娱乐业开始发展。

　　宋代不仅饮茶之风盛行，饮茶过程中的娱乐活动也有多种形式：斗茶、分茶、品茗都被赋予了浓郁的雅致风情，而在茶肆中听"说话人"谈古论今或摆上棋局较量一番，则成为大众饮茶娱乐的一种方式，真可谓妙趣横生。

起初是"斗茶"，这还要提到宋代的贡茶制度，民间总要选取最优的茶品进贡宫廷，而为了鉴别茶质优劣评定等级，则有了"斗茶"比赛，因斗茶是天下之士励志清白之法，由此推而广之为文人雅士所喜好，被称为"盛世之清尚"。"斗茶"即审评茶叶质量比试点茶技艺高下的一种茶事活动。在宋代更具娱乐性，并发展出斗茶品、行茶令、茶百戏等形式。"斗茶品"自然是看茶的品质来分胜负。"行茶令"则是考验文化，茶令与酒令类似，属风流文雅、睿智隽永的游戏，最早流行于我国江南一带。饮茶时以一人为令官，饮者皆听其号令，令官出难题，要求人解答或执行，做不到者以茶为赏罚。"茶百戏"又称"分茶""汤戏"或"幻茶"，它是在沏茶时使茶汤的纹脉形成不同物象，从中获得情趣的技艺游戏。这种游戏大约开始于北宋初期，但是宋代以后由于龙凤团饼已为炒青散茶所替代，饮茶方法也随之由沏茶用的点茶法改为直接用沸水冲泡茶叶的泡茶法，分茶游戏也随之渐隐。宋人将茶与琴、棋、书、画以及诗词歌赋联系起来创造了花样百出的娱乐方式，使得有关茶的各种娱乐方式在宋代得到极大的发展，逐渐开启了茶的娱乐文化，这才使得我们现在还能看到诸多妙趣横生的茶艺、茶戏。

宋代产生了各式各样的娱乐方式，自然是要有地方表演的，达官贵人们自然可以在自家园子里进行各种娱乐，但是普通大众没有专门的场所要怎么办呢？这种需求就衍生出了大大小小的茶肆、茶坊，宋代的茶肆按其规模大小可以分为"大茶坊""人情茶肆""花茶坊"和"普通茶坊",供各个阶层的人们消遣娱乐。除出售茶水供客人交流、品鉴之外,条件好一些的还会提供习学乐器、说书等服务,还有一些茶坊则是以茶的名义供娼妓弟兄(即假父)会聚。茶坊、茶肆最普遍的功能就是供朋友会聚、听书,虽然提供茶水也叫做茶坊,但其实际并不是以出售茶水为主要业务的,而是在为卖艺甚至娼妓服务找一个好听的代名词。边饮茶,边听书,既饱口福,又享耳福,一举两得。因此,许多顾客上茶坊,就是为了听书,茶馆老板与艺人也各得其所。可以说茶饮既满足了市民的精神需求,推动了文化的繁荣发展,又推动了茶的商业化进程,带动了坊市的经济发展,也在一定程度上丰富了茶文化的内涵。

明代由于穷极工巧的饼(团)茶为散条形茶所代替,研末而饮变成了沸水冲泡的瀹饮法,从而开创了开水冲泡饮茶的先河,多为文人士大夫享饮的品茶之俗也随之大众化,尤其茶馆文化的勃然兴起,促进了清代各种茶馆娱乐形式的盛行,中国茶文化也因此发生了一次大转折。

瀹茗对茶水之品、茶器之美、茶味之真、茶寮之雅、茶侣之德、茶泡之法、茶饮之宜等品茗内外环境之和谐完美意境的追求实为一种天、地、人心融通一体,清幽淡雅、超凡脱俗的理想境界。为了增添品茗情趣,明代茶人还常常开展一些赏心悦目的活动,如器物玩赏、山水览胜、诗文酬酢等。而在明代文人群体中,美人伴茶和焚香伴茶最具代表性。明代瀹饮方式的出现也使茶馆和茶肆得以成为民间饮茶的重要场所。瀹茗法为民间茶饮的娱乐化和商业化发展做出了巨大贡献。

中国茶馆在唐宋时曾达到过一个高峰，明清时则是第二个发展高峰时期。茶馆成了人们休闲放松的重要娱乐空间。明代专门饮茶场所分为个人的茶室和公共的茶馆，前者多为文人雅士、僧侣隐士的生活场所，茶室非常讲究。后者则多供平民百姓流连以暂忘生活之苦累，无过多讲究。至清代，全国大小茶坊已达800余所。清代茶馆上承晚明，在数量、种类、功能上都大有改观，完全融入了中国各阶层人民的生活，"可以说茶馆的真正鼎盛是在清朝"。清朝的茶馆有大茶馆、书茶馆、清茶馆，这个时期的茶馆不仅厅堂华丽，陈设讲究，且备有饭点、糖果之类。清朝茶馆的一大特点是娱乐性强。人们到茶馆不仅是为了喝茶、品茶，更有为了朋友相聚，谈天说地，或谈生意、拉买卖，更为了来看戏、听唱消遣的。有的大茶馆还增设了曲艺演唱项目，还有的干脆在戏园子里设了茶座。可以说，明清时期以茶待客已经和以酒待客一样，成了人际交往的一种基本礼节。茶在此时已经有了超然的地位，雅有雅的喝法，文人可以用茶吟诗作对、弹琴下棋，俗也有俗的喝法，一边喝茶一边听书或听曲，都已成为人们日常生活中不可或缺的娱乐活动。同时，随着元明曲艺、评话、鼓书、评弹的兴起，"五方杂处"的茶馆就成了这些艺术活动的理想场所，艺人献艺以维生，茶客欣赏以为乐，茶客在这里听书喝茶，既增长知识，又娱情悦性，休闲、娱乐两不误。

民国时期，随着戏曲节目在茶馆中演出的兴盛，有的茶馆渐被称为"茶园"。听书观剧比饮茶更为重要了，茶客到茶馆主要追求的就是赏剧时的精神享受，喝茶反倒成了一种点缀，茶客结账叫付书钱而不叫茶钱。民国初期，社会动荡使大茶馆逐渐解体，取而代之的中小茶馆成了社会有闲人士驻足之所，人们到茶园中赏戏，到书茶馆品茗听评书鼓词，到棋茶馆喝茶对弈，到清茶馆泡茶斗鸟，各享其乐。民国时，北平除了京剧繁盛之外，茶客们还有一种大众喜闻乐见的娱乐形式，即听相声。北方除了北京的京剧外，济南的茶馆说唱艺术也很有特色。民国以后，随着济南商业经济的发展，济南说唱艺术繁荣昌盛。当时的表演艺人真可以说是群星灿烂，戏曲、说唱名家竞相争辉，极一时之盛。20世纪20年代，同场戏始入上海市区，由于受现代文明戏的影响，开始演出一些反映当代生活的戏，演出也开始从游乐场、茶楼向剧场发展，并改名为申曲。40年代又吸收了话剧特点，逐步形成了自己的风格，并正式取名为沪剧。民国时在上海茶馆中演出的还有独角戏和滑稽戏。50年代以后内容上发生了根本变化，主要以反映民风民俗、针砭旧俗陋习为内容。独角戏至今仍是沪上人十分喜爱的艺术形式。从全国的茶园情况看，民国初年至民国中期，各地都有类似的饮茶听戏活动，而且相对比较繁盛，地方特色比较鲜明。山东济南是民国时期与北京、天津并称为北中国的三大曲艺重镇，南词北曲荟萃，高手名家云集。说书场的书棚、茶社、书茶馆，多集中于城西繁华热闹的商埠区。民国后期都呈现凋零的趋势，而且随着戏园逐渐独立为专门的演出场所，茶园的饮茶听戏性质发生了质的变化。中华人民共和国成立之后，茶园无论形式还是内容基本上都改弦更张了。民国时期的茶园，有的一个场次不够就分场同时演出。另外还开辟有弹子房、象棋、围棋间，供不同爱好的人娱乐。此外民国时南北各地的许多城市都有结合当地说唱艺术的书茶馆，成为娱乐茶客传播中华传统艺术的重要阵地，但基本上也都于"文化大革命"时被迫歇业。

民国时期的茶园因为社会的动荡，也经历着起伏，但是值得庆幸的是，这个时期人们的思想相对开放，创造出众多新的表演形式，如相声、沪剧、评书等等，文化现象也算得上是繁盛了，甚至隐隐有百花齐放、百家争鸣的态势。这个时期的茶文化的主角已经不是茶叶、茶饮了，茶已经从高高的殿堂之上走入寻常百姓家，成为生活中再普通不过的一环。原本作为茶的附庸的各种曲艺表演此时已成为时代的新宠。但是我们不能说茶文化在此时已经落幕了，它只是退居到了幕后，作为当代文化的内核而存在。

附录四

茶器与茶饮文化

有了茶叶，自然也出现了饮茶专用的茶具、茶器。根据考古资料可以知道的是，自隋唐到明清，人们都是有品茶的习惯的，只是方式不尽相同。陆羽《茶经》中把采茶所用的工具称为茶具，把烧茶泡茶的器具称为茶器，以区别它们的用途，所列茶具共有28种之多。唐人皮日休的《茶中杂咏十首》有"茶坞、茶人、茶笋、茶籝、茶舍、茶灶、茶焙、茶鼎、茶瓯、煮茶"。

一、隋唐五代的茶器与茶饮文化

唐人卢仝诗曰："天子须尝阳羡茶，百草不敢先开花。"可见唐代皇室崇尚饮茶。法门寺出土的一系列皇家茶具，既反映了唐朝宫廷的茶具，又说明饮茶与佛教活动相关。由此民间也大行茶道，讲求茶艺，茶器、茶具也就随之发展，出现了金银、陶瓷、玻璃等各种质地的茶器和茶具，既实用又美观。

唐代的饮茶方法，先将茶叶碾成细末，加上油膏、米粉等，制成茶团或茶饼，饮时先将茶饼放在火上炙烤片刻，然后放入茶臼捣碎或于茶碾中碾成茶末，入茶罗筛选，茶末放于茶盒中备用。另就是要备好茶炉与茶釜，放上调料煎煮。煎煮茶叶起于何时，说法不一。茶饼、茶串必须要用煮茶具煎煮后才能饮用。在饮茶前先将茶放在风炉（即炭炉）上炙烤，于是就产生了烹茶器。晚唐时还兴起了一种点茶法，下茶末于盏托或碗中，持茶瓶向碗盏内注沸水，沆起茶末，而且执壶的流变得又长又弯，有利于注水点汤。五代传承了此饮茶方式。茶瓶又称汤瓶，由酒器注子演变而来，用之盛汤。"茶瓶"一名晚唐时已出现。

还有无论是煎茶或是点茶，均先将茶饼碾成末。碾茶的有茶臼、茶碾、茶磨。唐代茶盏碗的器型均为侈口，唇薄平，斜直腹，玉璧底，是唐代最流行的一种式样，不仅饮用适口，而且易于把握，平稳，又不烫手。再加上里外一色"类玉"般的青釉，莹润明洁，使得碗中茶水显得更加青绿，清香诱人。晚唐五代时期出现一种茶碗是花瓣口，腹部出棱，圈足略高，稍外撇。茶具中还有一种盏托，呈莲瓣形、荷叶形、海棠花形等。茶托基本造型大致分两类，一类托盘下凹，有的呈圆形，有的呈荷叶形；另一类茶托由托台和托盘两部分组成，托盘一般呈圆形，托台有的微微高出盘面，托台一圈呈莲瓣形，也有的高出盘面很多，呈喇叭形。

隋唐的饮茶器具除金银、陶瓷外，民间多用竹木制作而成。这种茶具，来源方便，制作容易，天然绿色产品。只是使用时间略短，保存不易，难以传世。因此，通过对唐代茶饮器的分析，可以看出当时无论是中上层社会，还是下层社会，饮茶已成为一种时尚，并对后世的影响极大。此时，茶的作用已远非一种饮料，它与酒一样，已经成为社会生活中人与人之间关系的一种润滑剂，一切世俗的社会活动甚至一些宗教活动都少不了酒和茶。

如招待使节、祭祀娱神、节令仪式、各种宴会、迎来送往、婚丧庆典等，都必须有酒有茶。中国的饮茶习俗起源甚早，但隋唐时期的饮茶之风远胜过前代，真正成为了一种社会风俗。

二、宋代的茶器与茶饮文化

宋朝时期，茶叶生产已经从传统的紧压茶类转为生产末茶、散茶，同时"斗茶"在全国成为新兴饮茶风尚，带动了饮茶风俗的兴盛，茶具也风行一时。特别是到了南宋，随着经济中心的南移，南方地区成为产茶的重要基地，尤以福建为甚，文献中有"闽中之茶，尤天下之所嗜"的记载。当时的建州北苑是名重天下的贡茶产地和御焙所在。宋代的茶具有碗、水注、盏、盏托、执壶等，但饮茶多用盏，以托为固定的配套附件，执壶则是倒茶所用，汤瓶用于煮或盛沸水，以便向盏中点茶。在饮茶器中，盏分黑釉、酱釉、青釉、青白釉4种，以建窑烧制的黑釉盏最为流行，这与宋代的斗茶之风有密切的关系。宋人斗茶，是将研细了的茶末下在茶盏里，一边以沸水冲，一边用茶筅击拂，直至盏中茶呈悬浮状，泛起的沫积结于盏沿四周，最后看谁"著盏无水痕"为赢家。宋代饮茶之风深入民间，人们将茶作为日常消费的饮料。宋人饮茶方法是碾茶，把一种半发酵的膏饼茶碾成细末，然后用沸水点注。宋代制茶法有七道程序：采茶、拣茶、蒸茶、榨茶、研茶、造茶、过黄，做工相当精细。在当时的城市中都有卖茶和饮茶的茶肆，如南宋都城临安（今浙江杭州）的茶肆按其规模分为大茶坊、人情茶肆、花茶坊、普通茶坊等。茶叶的消费量很大，尤其是士大夫阶层相互之间常有饮茶吟文诵词的闲情逸趣，促进了饮茶的普及性和文艺瓷器的发展。纵观宋代饮茶消费群体的特点，看出茶叶消费结构的多层次性，无论是皇家贵族、王公官僚、富商大贾，还是文人雅士、平民百姓，都崇尚饮茶，而且茶叶消费存在着很大的区别，上层社会追求上等的好茶，下层社会却只能消费普通的茶叶，这与经济收入的状况有关。另外，城乡之间、产茶与非产茶地的消费也有差异，在城市和产茶之地茶叶消费得较多，乡间及非茶叶产地则反之，反映出当时茶叶的消费趋势和对象。

三、明代的茶器与茶饮文化

明代文人以喝茶为雅事，品评茶具，各有专称，证明茶"素有贞心雅操，而不能守之"的品格。唐、宋时期，人们以饮饼茶为主，采用的是煎茶法或点茶法，并产生与此相应的茶具。元代兴起条形散茶，直接用沸水冲泡饮用。明太祖朱元璋于洪武年间曾下旨罢团茶，惟采芽茶以进，确立了叶茶的地位和饮茶方式。明人饮茶方式的改变，从而使茶具在釉色、造型、品种、使用方法等方面产生了一系列的变化。为此，唐、宋时的炙茶、碾茶、罗茶、煮茶器具弃之不用，宋金崇尚的黑釉盏也退出了历史舞台，代之而起的是壶、盏的组合茶具，且以景德镇的白瓷为时尚，此茶具组合一次定型，沿用至今，只在茶具式样或质地上有所变化，而生活中的明代茶具更是要简便得多。

饮茶方式的不同使人们对茶具的喜爱也发生了变化。明代江西景德镇的白瓷茶具和青花瓷茶具、江苏宜兴的紫砂茶具获得了极大的发展，器和丰富，造型各异，达到了穷极精巧。瓷茶器从釉色看有青花、釉里红、青花釉里红、青釉、白釉、红釉、绿釉、黄釉、蓝釉、金彩、仿宋五大名窑器、粉彩、五彩、珠彩、斗彩等。茶具种类主要有茶洗、茶壶、茶杯、盖碗、茶叶罐、茶海、茶盘、茶船等。青瓷茶具以其质地细腻，造型端庄，釉色青莹，纹样雅丽而蜚声中外。景德镇生产的青花瓷茶具，诸如茶壶、茶盘、茶盛，花色品种越来越多，质量愈来愈精，无论是器形、造型、纹饰等都冠绝全国。紫砂茶具属陶器茶具的一种，坯质致密坚硬，有学者认为始于宋代，盛于明清，流传至今。也有学者以为紫砂起于明代，散茶冲泡直接推动了紫砂壶业的发展。而根据确切文字记载，紫砂茶具创造于明代正德年间。现今的紫砂茶具是采用江苏宜兴南部及其相邻的浙江长兴北部出产的一种特殊陶土，大多为紫砂，也有红砂、白砂。这种陶土含铁量大，有良好的可塑性，胎质致密坚硬，经久耐用。此质地还能吸附茶汁，蓄蕴茶味。紫砂茶具的色泽，可利用紫泥色泽和质地的差别，经过澄、洗，使之出现不同的色彩，如可使天青泥呈暗肝色，蜜泥呈淡赭石色，石黄泥呈朱砂色，梨皮泥呈冻梨色等。另外，通过不同质地紫泥的调配，使之呈现古铜、淡墨等色调，优质的原料，淳朴古雅的色泽，为烧制优良紫砂茶具奠定了物质基础。也是从明代开始真正出现了用于泡茶的茶壶，壶的使用弥补了盏茶易凉和落尘的不足，简化了饮茶的程序。

四、清代的茶器与茶饮文化

清代的茶业有了很大的发展，除绿茶外，又出现了红茶、乌龙茶、白茶、黑茶和黄茶，形成了六大茶类。茶的形状仍属条形散茶，其饮用方法仍沿用明代的直接冲泡法，饮茶风尚与明代相同。所以，清代茶具的种类和形式与明代相较无显著变化。清代仍以景德镇及宜兴两大产地为主要的茶具烧制中心。景德镇官窑和民窑都生产了大量的茶具，品种丰富，造型各异，从釉色看有青花、釉里红、青花釉里红、单色釉（包括青釉、白釉、红釉、绿釉、黄釉、蓝釉、金彩、仿宋五大名窑器、粉彩、五彩等，还创制了粉彩、珐琅彩茶具。从茶具种类看，主要有茶壶、茶杯、盖碗、大茶盘、茶盘、茶叶罐、茶海、茶船等。茶壶的造型较前期丰富，品种也多种多样，有青花粉彩和各种颜色釉。紫砂茶具以壶最多，有扁平形、提梁式、竹节式、石榴式、佛手式、桃形倒流式、人式、鸟形及做成福、禄、寿、喜字形的；另外还有菊瓣式、瓜式、梨式莲子、方体、直流式等茶壶。江苏宜兴紫砂陶茶具在继承传统的同时，制作工艺大大提高，胎体细腻，制作规整。造型丰富多彩，几何形的有圆珠壶、扁平壶、扁圆壶、仿古壶、汉方壶、四方壶、弧核壶等；自然仿生形有南瓜壶、佛手壶、竹节壶、梅段壶、莲蓬壶、桃壶、桂花瓣壶、菊瓣壶等。康熙年间制壶名家陈鸣远制作的梅干壶、松段壶、包袱壶、番瓜壶等，集雕塑装饰于一体，情韵生动，匠心独运，制作工艺穷工极巧。嘉庆年间的杨彭年和道光、咸丰年间的邵大享制作的紫砂茶壶，当时也是名噪一时，前者以精致取胜，雅致玲珑，被人推为"当世杰作"，后者以浑朴见长。

此外，自清代开始，福州的脱胎漆茶具、四川的竹编茶具、海南的生物（如椰子、贝壳等）茶具也开始出现，自成一格，逗人喜爱，终使清代茶具异彩纷呈，形成了这一时期茶具新的重要特色。漆器茶具始于清代，主要产于福建福州一带。福州生产的漆器茶具多姿多彩，有"宝砂闪光""金丝玛瑙""釉变金丝""仿古瓷""雕填""高雕""嵌白银"等品种。四川的竹编茶具，既是一种工艺品，又富有实用价值，主要品种有茶杯、茶盘、茶托、茶壶等，多为成套制作。

茶盏以康熙、雍正、乾隆盛行的盖碗最负盛名，由盖、碗、托三部分组成。盖为天、托为地、碗为人，象征"天地人"三才，反映了中国人器用之道的哲学观。盖呈凸形，捉手呈小圈足状，较高；碗敞口，小底，有矮圈足；盖径多小于碗口径，扣于碗口内，少数盖大于碗口，俗称天盖地式，碗带盖又保洁又保温且易凝聚茶香；"茶托"又称"茶船"，呈中心下凹的一个浅形圆盘状，其下凹部位恰好与碗底之圈足相吻合。除此之外其形还有船形、元宝形、海棠花形、十字花形，喝茶时手托茶船，又利于隔热，避免手被烫伤。盖碗茶，须用滚烫的开水冲一下碗，然后放入茶叶盛水加盖，品茶时，一手把碗，一手持盖，一边以盖拨开漂浮于水面的茶叶，使整碗茶水上下翻转，轻刮则淡，重刮则浓，细品香茗。使用盖碗又可以代替茶壶泡茶，可谓当时饮茶器具的一大改进。鲁迅先生在《喝茶》一文中曾这样写道："喝好茶，是要用盖碗的。于是用盖碗。果然，泡了之后，色清而味甘，微香而小苦，确是好茶叶。"

后　记

　　为了进一步丰富神农炎帝文化内涵，持续推进新时期创新型统一战线平台建设，经高平市人民政府、山西省炎帝文化研究会批准，2022年4月神农炎帝茶祖文化研究项目组成立，并在炎帝文化研究会的组织下开展了田野调查与资料整理研究，先后四次分组调研，进行史料与文化遗产论证。

　　2022年7月，高平市文旅局组织了课题论证会，从古气候学、考古学、人类学的视角对神农炎帝的传说与农业文明起源、对神农"尝百草得荼而解之"的典故进行了解析，为神农炎帝茶祖形象的确立进行了理论梳理。2023年2月，项目组对研究情况进行了汇报，并在广泛征求本地专家学者意见建议的基础上，形成了项目研究报告初稿。2023年3月，项目组在高平市举行了"神农炎帝茶祖文化研究项目评审暨文化研究会"。与会专家普遍认为此项研究对于提高羊头山及高平周边文化旅游及文化产业具有较高的理论价值，对神农炎帝在铸造中华民族共同体意识方面的研究具有很高的社会价值、文化价值。

本书在神农炎帝茶祖文化研究报告的基础上，对高平神农炎帝研究成果进行了进一步梳理，着重分析了神农炎帝从农祖、药祖到茶祖文化形象变迁与中华民族文化共同体构建的关联，提出了神农炎帝是形塑中华民族文化共同体和民族意识典型的文化符号。从空间视域来看，神农炎帝文化经历了从北而南的传播线路，而后随着农业文化、医药文化、茶文化发展线路进一步拓展，与中华民族文化共同体构建的空间逻辑相一致；从时间视域来看，神农炎帝文化符号在历史进程中从族群象征到农祖、药祖、茶祖形象的"层累式"特征，与中华民族文化共同体发展的历史逻辑相一致；神农炎帝文化符号统一性、整体性的文化追求、"身亲耕，妻亲织"的文化品格、以"利天下之民"为本的精神内核，是形塑民族文化共同体与民族意识的重要内涵。对神农炎帝文化符号的时空逻辑及其重要内涵的解析，有助于铸牢中华民族共同体意识，增加文化凝聚力。

写作的过程中，晋城职业技术学院蔡琼博士整理完成了《羊头山周边主要药茶资源植物学研究》，长治学院张艳芳同学完成了"附录"部分的整理，拓展了本书的研究内涵，在此特别致谢！